Copywriting Persuasivo

W. Brian P. Losito

Copyright © 2016 W. Brian P. Losito

Tutti i diritti riservati.

ISBN: 9781519064813

Note Legali

TUTTI I DIRITTI SONO RISERVATI A NORMA DI LEGGE E A NORMA DELLE CONVENZIONI INTERNAZIONALI. NESSUNA PARTE DI QUESTO LIBRO PUÒ ESSERE RIPRODOTTA IN NESSUNA FORMA E CON QUALSIASI MEZZO, ELETTRONICO, MECCANICO O ALTRO SENZA IL PERMESSO SCRITTO DEL DETENTORE DEI DIRITTI.

TUTTI I MARCHI RIPORTATI IN QUESTO LIBRO APPARTENGONO AI LEGITTIMI PROPRIETARI, MARCHI DI TERZI, NOMI DI PRODOTTI, NOMI COMMERCIALI, NOMI CORPORATIVI E SOCIETÀ CITATE POSSONO ESSERE MARCHI DI PROPRIETÀ DEI RISPETTIVI TITOLARI O MARCHI REGISTRATI DA ALTRE SOCIETÀ E SONO STATI UTILIZZATI A PURO SCOPO ESPLICATIVO E A BENEFICIO DEL LETTORE, SENZA ALCUN FINE DELLA VIOLAZIONE DELLE LEGGI SUL COPYRIGHT VIGENTI.

TABELLA DEI CONTENUTI

CAPITOLO 01 Copy-Introduzione 10

PARAGRAFO 01 Come Scrivere Una Copy Di Successo. 15

PARAGRAFO 02 Conosci A Fondo I Tuoi Clienti. 22

PARAGRAFO 03 Caratteristiche Vs Benefici. 25

PARAGRAFO 04 Manipolazione O Persuasione. 29

PARAGRAFO 05 Perché Le Persone Comprano. 37

PARAGRAFO 06 Catturare L'Attenzione o Dare Attenzione 43

PARAGRAFO 07 6 Domande E 5 Obiezioni Alla Quale La Tua Copy Deve Rispondere. 47

PARAGRAFO 08 L'Importanza Delle Leve Psicologiche 55

PARAGRAFO 9 Cosa Sono I Power Boosters 60

PARAGRAFO 10 Parole Proibite 67

PARAGRAFO 11 Transizioni: La Chiave Dell'Attenzione 69

CAPITOLO 02 Copy-Introduzione 74

PARAGRAFO 12 Rituale N1: Sgombra La Mente 76

PARAGRAFO 13 Rituale N2: Visualizza Il Risultato 82

PARAGRAFO 14 Rituale N3: Inizia A Scrivere 86

PARAGRAFO 15 Rituale N4: Segui Il Piano 91

PARAGRAFO 16 Scrivere Come Una Macchina 96

PARAGRAFO 17 Come Entrare Nella Zona 100

PARAGRAFO 18 Come Far Uscire La Parte Creativa 105

PARAGRAFO 19 Correggere E Organizzare ... 109

PARAGRAFO 20 Esercizi Di Scrittura Creativa 111

PARAGRAFO 21 Tecnica Index Drill 115

CAPITOLO 03 Copy-Introduzione 118

PARAGRAFO 22 Anatomia Di Una Pagina Di Vendita 120

PARAGRAFO 23 Teaser Line 123

PARAGRAFO 24 Headline 125

PARAGRAFO 25 Sub-Headline 149

PARAGRAFO 26 Apertura E Introduzione 152

PARAGRAFO 27 Prove E Credibilità 162

PARAGRAFO 28 Bullets (Benefici/Features) .. 171

PARAGRAFO 29 USP - Unique Selling Position 193

PARAGRAFO 30 Testimonianze 200

PARAGRAFO 31 Struttura L'Offerta 210

PARAGRAFO 32 Bonus E Premium 214

PARAGRAFO 33 Garanzia Soddisfatti O Rimborsati 223

PARAGRAFO 34 Scarsità 237

PARAGRAFO 35 Prezzo 243

PARAGRAFO 36 Call To Action 250

PARAGRAFO 37 PS: PPS: PPPS: 256

PARAGRAFO 38 Formattazione Di Una Pagina Di Vendita 259

PARAGRAFO 39 Conclusione 268

Pagina lasciata bianca di proposito

Mini Prefazione

Ogni essere umano soffre di una propria tragedia - amori non corrisposti, opportunità mancate, scelte sbagliate, problemi insormontabili e chi più ne ha più ne metta.

Vediamo persone che soffrono ogni singolo momento, tramite la trappola più invisibile di tutte, la televisione.

Proprio per questo abbiamo il terrore di soffrire, non vogliamo metterci nei panni di chi soffre, quindi facciamo di tutto per restare in salute, costruire una struttura economica stabile, apparire belli.

Tutto questo però, ci fa vivere in uno stato costante d'insoddisfazione e paura.

Un bravo copywriter deve essere in grado di connettersi emotivamente con il potenziale cliente sfruttando queste debolezze e guidarlo con calma, verso la soluzione proposta, senza vendere a tutti i costi.

Queste tattiche che stai per leggere sono state concepite per l'utilizzo su una pagina di vendita, ma possono anche essere utilizzare su una landing page, squeeze page o qualsiasi altra sezione del tuo funnel di vendita.

CAPITOLO 01
Copy-Introduzione

Grazie per aver acquistato questo libro, durante questi 3 capitoli, scoprirai tutte le tecniche di persuasione dei migliori copywriter di tutti i tempi, una volta che avrai appreso tutto fino in fondo, sarai pronto per scrivere pagine di vendita per te, o potrai offrire le tue prestazioni professionali alle aziende di tutta Italia.

Per spiegare il concetto di copywriting in maniera rapida e veloce, io sceglierei questa quote di Judith Charles, ossia:

> *"Un Copywriter è Un Venditore Dietro Una Tastiera"*

Il che è proprio vero, il tuo compito sarà lo stesso di un venditore tradizionale, ossia quello di persuadere, creare desidero, giocare sulle paure, fare tutto quello che è necessario per chiudere la vendita, ma solo perché il copywriting è scritto, non vuol dire che sia più semplice.

Non valgono le stesse regole della persuasione in persona, bisogna essere molto più convincenti, conoscere a fondo i processi decisionali per riuscire in qualsiasi modo a catturare l'attenzione del potenziale cliente, in una realtà sempre più tempestata da pubblicità e annunci.

Devi scrivere in modo emozionale, anticipare tutte quelle che possono essere le obiezioni dei tuoi lettori, convincerli che tu sei l'unico sulla piazza che può soddisfare i loro desideri, che il tuo prodotto è il migliore e che ne hanno assolutamente bisogno, ora magari tutto questo ti sembrerà un po' complesso, ma ti assicuro che una volta spolpato per bene il materiale che ho messo a disposizione per te, avrai tutte le "armi" a disposizione per concludere con successo una vendita online, qualsiasi essa sia, servizio online, infoprodotto, offline marketing etc...

L' abilità di copywriting, può essere applicata in tutti i campi, le aziende hanno un disperato bisogno di copywriter per vendere con più efficacia i loro prodotti, per far assistere più persone ai loro eventi e chi più ne ha più ne metta.

Probabilmente, quando sei in una libreria e scegli un libro tra 10 che trattano lo stesso argomento, quella copertina è stata pensata e progettata da un copywriter esperto, ora ne capisci il potenziale?

Se tu avessi un prodotto e volessi farti scrivere una pagina di vendita da un professionista riconosciuto, ti ci vorrebbero non meno di 1,000 euro, logicamente il prezzo cambia a seconda delle parole scritte, ma siamo più o meno lì.

Molti credono che scrivere pagine di vendita e ads, sia
difficile, ma seguendo delle formule (che io ti fornirò nei capitoli seguenti) tutto può diventare facile, quasi come se fosse un gioco.

Non posso prometterti che un giorno sarai pagato 1,000 o 2,000 euro per ogni pagina di vendita che scrivi, questo dipenderà da come promuoverai la tua persona, ma posso garantirti che scriverai pagine di vendita per i tuoi prodotti, incassando molto di più.

Posso anche prometterti che se presti molta attenzione a questo libro, e ci investi una buona dose del tuo tempo per capirlo a fondo, avrai una conoscenza della psicologia umana e saprai sfruttarla a tuo vantaggio, per aumentare il tuo fatturato.

Una buona parte di questa professione, consiste nell'usare trucchi psicologici e empatici, testi emozionali per spingere l'utente ad acquistare, ho dedicato un capitolo intero a queste "finezze".

Per il semplice fatto che io sono un Internet Marketer, questo corso si concentrerà su come scrivere contenuti persuasivi online, ma non mancheranno piccole gemme, per chi vuole estendere le proprie capacità, anche altrove.

Tutto quello che ti farò scoprire in questi giorni, avrà un forte impatto sulla tua vita, riuscirai a vedere il mondo attraverso occhi nuovi, e perché no, magari iniziare una nuova professione che ti appassiona, o migliorare quella attuale.

Ti consiglio vivamente di segnare appunti, note, o qualsiasi cosa ti aiuti ad assimilare meglio tutte le nozioni.

Ti ho promesso nella descrizione del libro che non mi sarei dilungato in prefazioni e che questo corso sarebbe stato un concentrato di informazioni utili quindi bando alle ciance e cominciamo!

PARAGRAFO 01
Come Scrivere Una Copy Di Successo.

La domanda da un milione di euro giusto?

Per la gioia di "noi" Copywriter, per vendere un prodotto, è necessaria più di una semplice descrizione, giusto per fare un esempio, prova a farti nuovi amici sorridendo a estranei, non credo che avrai molto successo, se non qualche occhio nero!

Stessa cosa per i prodotti, se tenti di venderli soltanto offrendo una descrizione, anche se molto completa e dettagliata, preparati ad un periodo di magra.

I prodotti non si vendono da soli, per venderli abbiamo bisogno di entrare in empatia con il nostro potenziale cliente, convincerlo che se chiude la nostra offerta, perderà l'opportunità più importante della sua vita.

Persuadere una persona online, diventa molto più difficile, alcuni sono molto scettici e prevenuti per gli acquisti online, quindi dobbiamo fare davvero del nostro meglio.

Esistono molte formule che puoi utilizzare come base per la tua pagina di vendita, quella più semplice e usata è la tecnica AIDA che è così strutturata:

A – Attenzione – Cattura l'attenzione del cliente attraverso le headline

I – Interesse – Intrigalo attraverso lo storytelling e altre tecniche

D – Dettagli – Rilascia dettagli e benefici sul tuo prodotto e servizio

A – Azione – Fagli compiere l'azione che desideri

Per applicare con efficacia questa formula, devi capire come scrivere headline persuasive, effettuare uno storytelling impeccabile, studiare il prodotto con cura ed estrapolare i benefici che potrebbero interessare a possibili acquirenti ed escogitare un modo per effettuare una chiamata all'azione forte e decisa.

A.I.D.A è una formula molto datata nel mondo del copywriting, ma ciò non toglie che debba essere dimenticata, perché può essere una buona base per sviluppare le proprie strategie, come si dice:

> *"Per inventare il nuovo bisogna conoscere il vecchio"*

Personalmente conosco persone che ritengono questa formula ancora molto attuale ed efficacie, tanto che la usano spesso.

Ma in un mondo dove lo scetticismo è alle stelle, e il prospect viene bombardato di informazioni da marketer alla ricerca di attenzione, a questa formula aggiungerei altre due lettere:

A – <u>Attenzione</u> – Cattura l'attenzione del cliente attraverso le headline.

I – <u>Interesse</u> – Intrigalo attraverso lo storytelling e altre tecniche.

O – <u>Obiezioni</u> – Eliminare eventuali obiezioni che può avere il lettore.

D- <u>Dettagli</u> – Rilascia dettagli e benefici sul tuo prodotto e servizio

P – <u>Prova</u> – Prova la veridicità di quello che dici.

A – <u>Azione</u> – Fagli compiere l'azione che desideri.

 Conoscere questa formula è fondamentale per ogni copywriter, come hai visto, qualcosa di vecchio e superato può essere modificato per creare qualcosa di migliore e più efficacie.

 Molti hanno completamente rivoluzionato questa formula, uno dei migliori makeover che conosco è la tecnica a 3 fasi sviluppata da AWAI (American Writers & Artists Institute.)

Prima Fase | Le Quattro Basi

Per essere forte e stabile, una pagina di vendita deve reggersi su questi quattro pilastri che fanno intendere che il tuo prodotto o servizio ha:

- Un forte e irresistibile beneficio
- Review positive e nessun caso di scam
- Come promotrice un'azienda credibile
- Una buona idea alle spalle

Seconda Fase | Le Quattro P

Una pagina di vendita vincente deve:

- Fare una forte **PROMESSA**
- **PROVARE** tutto quello che afferma

- Draw a **PICTURE** (ossia far immaginare al lettore la situazione)
- **PUSH** the prospect into a buying decision (ossia spingere il cliente all'acquisto)

Terza Fase | Le Quattro U

Headline, sub-headline e bullet persuasivi dovrebbero:

- Essere **UTILI** al prospect
- Dargli un senso di **URGENZA**
- Persuaderlo che quello che offri è **UNICO**
- Essere **ULTRA-SPECIFICI**

Queste formule da sole possono bastare per farti un'idea di come deve essere una buona pagina di vendita, ma se ti trovassi a dover scegliere tra queste 3 formule di AWAI, scegli senza pensarci le **quattro U**, in particolar modo

"Essere **ULTRA-SPECIFICI**".

Puoi rendere migliore una copy semplicemente chiedendoti

"Come posso essere più specifico su questo punto?"

"Secondo Roy H. Williams, la verità semplicemente suona come la verità, sappiamo riconoscerla, essa non è mai generica o piena di giri di parole, la verità è composta da fatti solidi e non il contrario."

Lo scopo di questo paragrafo era farti capire che leggendo e studiando le varie formule, puoi facilmente generarne una tua che si adatta al tuo prodotto o servizio, o semplicemente scegliere di seguire quelle esistenti.

PARAGRAFO 02
Conosci A Fondo I Tuoi Clienti.

Prima che tu scriva anche solo una parola della tua pagina di vendita, devi conoscere alla perfezione le persone a cui andrai a vendere il tuo prodotto, proprio come un vero venditore, se dovessi andare a vendere un prodotto costoso o economico ad un cliente non cercheresti prima di scoprire tutti i suoi interessi, passioni, e paure per entrare in empatia con lui e far sì che si fidi di te? O controllare se con il suo stipendio medio può permettersi il tuo prodotto?

Vendere online è quasi uguale, cambia solo qualche dettaglio, prima di cominciare, dobbiamo assolutamente definire questi parametri:

- Età Media
- Sesso
- Hobby
- Cosa leggono

- Cosa comprano
- Le loro paure
- Quanto guadagnano in Media
- Livello approssimativo di formazione

Quando hai determinato tutti questi fattori, devi scrivere la tua pagina di vendita in modo che sentano un senso di familiarità mentre la leggono, per esempio, se stai scrivendo una pagina di vendita ad un Internet Marketer dovrai utilizzare il suo linguaggio tecnico per connetterti meglio con lui.

Se invece stai scrivendo per una nicchia di persone che non conosci, compra qualche rivista che leggono, vedi qualche video, cerca di informarti il più possibile e scrivere come se anche tu fossi nel settore.

Devi prestare molta attenzione nel studiare il tuo stereotipo di cliente, come diceva il super copywriter Gray Halbert,

"Il 90% dello scrivere una copy, consiste nella ricerca."

In molti, per studiare come è possibile impostare una pagina di vendita al meglio per un determinato mercato danno un occhio alle copy della concorrenza, ti basterà vedere come si comportano le persone che sono nel campo già da tempo per avere più o meno un'idea di come impostare la cosa, e poi parliamoci chiaro, è istruzione gratis, molto di quello che so l'ho imparato si facendo pratica, leggendo e seguendo corsi, ma anche studiando le pagine di vendita dei grandi del settore, osservando pubblicità in televisione che catturavano la mia attenzione, testate giornalistiche e così via.

È molto importante notare da quanta pubblicità siamo circondati, quando una di queste ci attrae in modo particolare, è buona maniera creare un file di testo dove scrivere tutto quello che ci colpisce, studiarla, e capire come ha fatto a persuaderci.

PARAGRAFO 03
Caratteristiche Vs Benefici.

Due cose molto importanti e da tenere sempre a mente quando si scrive una pagina di vendita, sono le caratteristiche del prodotto o servizio da te venduto, o i benefici derivanti dall'uso del prodotto.

Quale credi siano le più importanti? Le caratteristiche, o i benefici?

Facciamo un piccolo esempio, sei in un negozio e la tua attenzione viene catturata da una lavatrice che ti piace, chiami il commesso e chiedi informazioni, lui inizia ad elencarti tutte caratteristiche, ossia modalità di lavaggio, 5 velocità etc…

Certo tutte queste caratteristiche sono belle e interessanti, ma quali mi servono davvero? Quali possono darmi un beneficio?

Da qui possiamo capire che il mezzo più efficace per vendere, è elencare i benefici, e come informazione complementare, anche le caratteristiche, perché il settore delle caratteristiche, della logica, è competenza della mente, mentre quella dei benefici, coinvolge più le emozioni, fa parte del cuore (<u>tecnicamente dell'emisfero destro del cervello</u>), e si sa, le emozioni battono la logica nel processo d'acquisto 10/0.

Ma non è così per tutti, i benefici o le caratteristiche di un prodotto devono essere utilizzate a seconda del tipo di mercato e dal tipo di prodotto che vendiamo.

Se stiamo vendendo un corso per imparare a guadagnare online con le affiliazioni, visto che ci troviamo a vendere a delle persone inesperte, dobbiamo cercare di comunicare loro i benefici che potranno avere mettendo in pratica le informazioni che cerchiamo di vendergli.

Se invece stiamo venendo un software a degli affiliate marketer esperti, molto probabilmente conosceranno già i benefici, quindi oltre che a elencare i benefici, dobbiamo prestare molta nell'esposizione delle caratteristiche che contraddistinguono il tuo software dalla massa e le motivazioni che lo rendono utile o meglio indispensabile per il loro lavoro attuale.

È importante sapere che le persone prima acquistano un prodotto in base alle emozioni, e poi cercano di giustificare la loro scelta con la logica.

Da questo possiamo dedurre che nella vendita, dobbiamo puntare molto di più nel creare emozioni nel prospect.

Quando scrivi una pagina di vendita, devi scriverla puntando sempre alle emozioni e non appellarti alla logica, puoi fare questo scrivendo dei benefici e utilizzando dei trucchi psicologici di cui discuteremo più avanti.

Ogni parola, ogni riga della tua pagina di vendita deve far crescere nel lettore la motivazione necessaria per poi arrivare in fondo e premere il pulsante per acquistare.

Se vogliamo fare leva sulle emozioni, dobbiamo sapere che la cosa più efficace su cui puntare per effettuare una vendita, è la paura di una perdita, che può essere economica, perdita di giovinezza, opportunità etc...

Esistono però degli altri motivatori, per esempio, ecco le motivazioni più comuni che spingono le persone ad acquistare qualcosa:

- Desiderio di guadagnare più soldi
- Voler apparire meglio
- Essere in salute
- Avere più amici
- Tranquillità interna
- Divertirsi
- Scoprire e imparare cose nuove
- Per avere più potere

Tutto quello che devi fare per vendere, è soddisfare uno di questi desideri e scrivere la copy emozionalmente in modo da entrare in contatto con loro, motivarli e chiudere la vendita.

PARAGRAFO 04
Manipolazione O Persuasione.

Molti copywriter alle prime armi, non riescono bene a distinguere la differenza tra persuasione e manipolazione quando si tratta di scrivere pagine di vendita ed email per vendere prodotti o servizi.

Manipolazione è la nostra volontà di influenzare il potenziale cliente per i nostri scopi, con menzogne e affermazione forvianti, quindi ottenere qualcosa dagli altri anche quando non sono disposti a dartelo.

La manipolazione è molto allettante per persone che ancora non hanno chiaro il concetto di business. Questa forma di comunicazione può essere estremamente potente ed efficace, ma essendo disonesta, non può portare ad altro che farti odiare dai tuoi stessi clienti, in genere business che adoperano queste tecniche, hanno vita breve, poiché riescono sicuramente a chiudere la vendita, ma non potranno mai avere né una buona reputazione, né clienti fissi che acquistano altri prodotti.

Un buon esempio di manipolazione, può venire da alcune compagnie telefoniche, che tutti i giorni (o quasi) chiamano nelle nostre casa cercando di abbindolarci con tariffe vantaggiose per chiudere il contratto, scommetto che questo sarà capitato un po' a tutti.

Persuasione è invece la capacità di influenzare la mente del cliente con la realtà dell'offerta stessa, o grazie all'influenza sociale.

La persuasione non è altro che l'arte di rimuovere tutti gli ostacoli e le obiezioni che può incontrare il cliente durante la lettura della tua pagina, o di qualsiasi altro mezzo di comunicazione incentrato sulla vendita, quindi farlo arrivare alle sue conclusioni guidandolo nella giusta direzione, senza nessuna forzatura o menzogna.

Questo processo consiste nel convincere il potenziale cliente a cambiare il suo modo di pensare con l'emozione e la logica, non forzandolo, come la manipolazione.

Quest'arte è difficile da mettere in pratica, ma quando viene applicata bene, il cliente non ha alcun modo di resistere.

Attuando questo tipo di scrittura nella tua pagina di vendita, aiuterai il potenziale cliente a giungere alle sue conclusioni riguardo al tuo prodotto o servizio con onestà, questo ti garantirà fiducia e credibilità da parte sua in futuro.

Onestà: A tutti piace un approccio onesto, lascia trasparire valori morali, così facendo riuscirai a guadagnare credibilità e i tuoi clienti continueranno a fare affari con te, è molto importante, quando componi una pagina di vendita non scrivere nulla che possa essere male interpretato solo per vendere il tuo prodotto.

Piacente: Le persone comprano con più disinvoltura solo se una persona gli piace, facci caso, è una cosa che percepisci da subito, quando entri in un bar, sai già se l'atmosfera ti piace o no, questo determinerà il tuo ritorno, o la tua perenne dipartita.

Cerca sempre di inserire nella copy una parte della tua personalità, racconta una storia su di te, lascia che il cliente ti conosca, che possa entrare in qualche modo in confidenza, questo è il modo più efficace per costruire fiducia.

Se hai intenzione di rendere la tua pagina di vendita più persuasiva, voglio condividere con te questa formula di persuasione appresa ad un corso del famoso copywriter Gary Bencivenga chiamata 4-part-persuasion.

Prima Parte: Problema Urgente
Se non c'è un problema, non c'è modo per te di offrire nulla. Assicurati di operare in una nicchia dove è presente un problema urgente che motiva le persone a trovare una soluzione nell'immediato.

Per esempio, molti aspiranti info marketer sono sopraffatti da tutta l'informazione che trovano online, e data questa circostanza, non riescono a mettere in pratica quello che imparano, entrando in una routine che li spinge solo ad imparare e non ad agire, della serie:

> *"Qualsiasi uomo che legge troppo e usa il proprio cervello troppo poco, cade nella pigra abitudine del pensare" - Albert Einstein*

Personalmente una cosa utile da scrivere per motivarli ad acquistare il tuo corso può essere:

> *"Ascolta, so benissimo che sei sopraffatto da tutta l'informazione che trovi online, ed è per questo che ti offro un programma mentoring di otto mesi dove potrai chiedermi consigli su come agire per trasformare la tua conoscenza in azione concreta, in più verranno rilasciati report e audio di strategie per facilitarti il processo e il raggiungimento dei tuoi obiettivi. "*

Così facendo risolviamo un problema urgente della persona che sarà più propositivo alla nostra offerta.

Parte Seconda: Promessa Unica

È altrettanto fondamentale rendere la propria offerta unica in tutto, in modo da togliere ogni dubbio al cliente, attrarre affiliati e stringere eventuali JV per aumentare i propri profitti.

In questo caso specifico, il mentoring di otto mesi non è una cosa che si vede tutti i giorni, molti marketers preferiscono vendere il prodotto, e offrire al massimo 30 giorni di assistenza, mentre in questo caso, stiamo offrendo una soluzione tutto incluso mirata al successo del cliente.

Durante questi otto mesi di mentoring, abbiamo la possibilità di promuovere altri prodotti o corsi, che possono aiutare ulteriormente il cliente a raggiungere i suoi obbiettivi e nel frattempo aumentare i nostri profitti

Parte Terza: Prova Schiacciante

Dopo aver dato al potenziale cliente la nostra soluzione al problema, dobbiamo convincerlo della veridicità di quello che diciamo in modo da rendergli la decisione d'acquisto più facile.

Per fare ciò, possiamo descrivere tutti i vantaggi che avrebbe il cliente nell'acquistare il prodotto o servizio attraverso dei bulletpoint, testimonianze di clienti soddisfatti, casi di studio reali, da distribuire gratuitamente prima di presentare al cliente la tua offerta, in modo da educarlo e prepararlo all'acquisto.

Parte Quattro: Atteggiamento User-Friendly
In pratica dobbiamo fare in modo che sia facile accettare la tua offerta, utilizzare varie vie di comunicazioni come email e numero verde, mettere a disposizione vari metodi di pagamento, in modo da rendere il tutto più facile possibile.

Questi 4 step devono essere implementati in qualsiasi pagina di vendita, ogni volta che ti troverai a scriverne una, guarda questo schemino:

Problema Urgente
+
Promessa Unica
+
Prova Schiacciante
+

Atteggiamento User-Friendly
=
PERSUASIONE

Nel terzo capitolo andremo ad approfondire tutto nel dettaglio, utilizzando esempi reali.

Sta di fatto che possiamo applicare questa formula su qualsiasi materiale promozionale che abbiamo intenzione di produrre per noi o per un cliente.

PARAGRAFO 05
Perché Le Persone Comprano.

Se sulla tua pagina di vendita riuscissi a rispondere ad ogni obiezione che il potenziale cliente può avere sul tuo prodotto, mi sembra ovvio che potresti persuadere davvero chiunque ad acquistare qualsiasi cosa.

Quello descritto sopra è un concetto interessante, ma purtroppo la verità è che il processo di acquisto della mente umana, può essere molto complicato e imprevedibile.

Il copywriting basato sulla logica, come già detto sopra, raramente trova il successo, al contrario della copy scritta seguendo le emozioni, desideri e necessità. Infatti, la maggior parte dei copywriter cerca di colmare i bisogni celebrali ed emotivi del cliente.

Secondo il grande psicologo Abraham Maslow, gli esseri umani sono animali che hanno il desiderio incontrollabile di acquistare qualsiasi cosa, non importa quante necessità o bisogni hanno già soddisfatto, non sarà mai abbastanza, vorranno sempre raggiungere livelli sempre più alti.

Maslow ha incluso questi livelli in una piramide, generando una vera e propria gerarchia dei bisogni umani

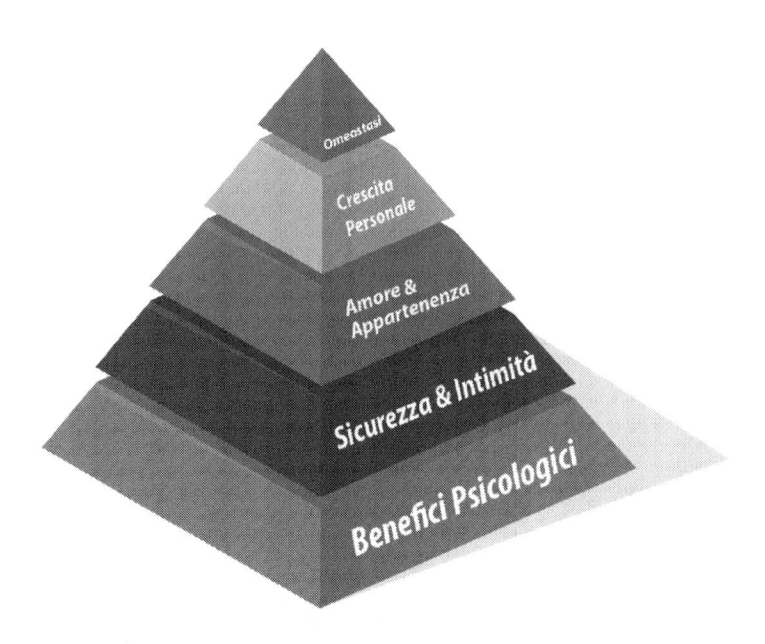

Il **primo livello**, è la base e quello più potente, descrive i bisogni più importanti a livello psicologico, come mangiare, riposare, fare sesso, respirare etc.

Una volta soddisfatti i bisogni del primo livello, l'uomo cercherà di apportare nella sua vita i benefici presenti nel **secondo livello**, sicurezza, appartenenza, intimità etc.

Questi bisogni non sono altro che pulsioni primitive che abbiamo per proteggerci dai nemici, nella società odierna, possiamo interpretarlo con, ottenere un buon lavoro, pensione, indipendenza finanziaria, antifurti per le nostre proprietà, e magari un cane da guardia.

Completato il secondo livello, cerchiamo immediatamente di soddisfare i bisogni presenti nel **terzo livello** ossia, amicizia, affezione e bisogno di crearsi una famiglia.

A questo punto una volta creata una famiglia, l'essere umano proverà a soddisfare i bisogni presenti nel **quarto livello**, dove possiamo trovare, necessità di essere riconosciuti, prestigio, indipendenza, importanza, reputazione e apprezzamento.

Ottenuto il quarto livello, l'essere umano ha tutto quello di cui ha bisogno per condurre una vita felice e apprezzabile, un guadagno, sicurezza, una bella macchina, famiglia e amici, una buona reputazione, senso di soddisfazione, un ego bello pieno, e la convinzione che i suoi sforzi abbiano portato finalmente ad un buon risultato.

Bè potrebbe sembrare l'ultimo livello, ma non è così, secondo Maslow, l'essere umano vuole ancora di più.

Nel **quinto** e ultimo livello sentiamo il bisogno di auto-realizzazione, ossia raggiungere un'omeostasi interiore.

Ma ora ti starai sicuramente chiedendo, cosa ha a che fare la teoria di Maslow con il copywriting, la tua domanda è presto risposta in 3 sezioni:

Primo: il tuo messaggio deve avere un forte richiamo a soddisfare un bisogno presente nei 4 livelli della piramide di Maslow.

Secondo: Cerca sempre di puntare verso i livelli inferiori della piramide, non devi mai vendere servizi a persone che prima non hanno soddisfatto i livelli base della piramide, significa che non avrebbe senso vendere un'auto di lusso, a chi non ha ancora un lavoro sicuro, o vendere una guida per l'intimità a chi non ha ancora una compagna, studia bene la tua audience, prima di fare un'offerta.

Terzo: Non fossilizzarti troppo su questa piramide, la maggior parte tende a seguire questa tabella alla lettera, ma altri no, possono avere la tendenza a saltare da un livello all'altro della piramide, casi come questo, possono essere osservati quando vediamo un nostro amico che acquista una macchina di lusso, quando in realtà non se la potrebbe permettere, o per qualcuno può essere più importante il riconoscimento degli altri invece del riconoscimento personale, c'è sempre l'eccezione, e non dobbiamo farci cogliere impreparati.

Molti studiosi credono che al quinto livello non ci sia l'autorealizzazione o omeostati, ma ci sia il desiderio di avere dei figli, anche questo dipende molto dalla fascia di persone a cui ci rivolgiamo, ho potuto notare però, che i prodotti per "genitori migliori" riscuotono molto successo.

Non bisogna però tenere troppo in considerazione Maslow, è nato in un'epoca molto diversa dalla nostra, tutte le pubblicità che abbiamo ora creano il bisogno di acquistare qualcosa quando in realtà non ci serve.

Quindi potremmo aggiungere alla piramide di Maslow i "Bisogni indotti dalla pubblicità".

Cerca di pensare fuori dagli schemi per scovare tutti i bisogni del tuo cliente ideale, in modo da creare il bisogno o sfruttare quello esistente.

PARAGRAFO 06
Catturare L'Attenzione o Dare Attenzione

Se tu presti attenzione a qualcosa, vuol dire che sei cosciente di quello che fai, il tuo corpo e la tua mente sono impegnati in un'azione che tu hai deciso di fare, mentre se la tua attenzione viene catturata, allora sei più vulnerabile alla persuasione.

Ecco perché quando scriviamo un messaggio di vendita vogliamo che il potenziale cliente sia rapito e completamente focalizzato sul nostro messaggio

Questa è la base di ogni forma di persuasione, se non viene catturata l'attenzione del prospect, la nostra copy e paragonabile a carta igienica, non scherzo!

Senza catturare l'attenzione, nessuna tattica di persuasione può essere applicata, quando catturi l'attenzione di un cliente, lui tende ad imitare le volontà del persuasore ed obbedire ai suoi comandi senza rendersene conto, non hai neanche bisogno di essere visto come un'autorità, se catturi l'attenzione.

I nostri politici sono molto bravi nel fare questo! Ogni volta che ascolti un politico parlare, e ti senti coinvolto da quello che dice, ti sta persuadendo, il che è molto facile quando tutto quello che dicono, viene supportato dalla propaganda trasmessa in TV.

Questo fenomeno si manifesta anche all'inizio di un film, quando non puoi smettere di vedere fin quando non scopri cosa avviene dopo.

Ma perché alcune cose ci attraggono così intensamente, mentre altre, a stento le guardiamo? È molto semplice.

Il miglior modo per catturare l'attenzione di qualcuno, in qualsiasi situazione è creare contraddizioni, incongruenze e mistero nel nostro canale comunicativo.

Questo accade quando ci sono specifiche frasi o argomentazioni, che messe in quel determinato contesto, non hanno alcun senso, il nostro cervello è spiazzato, e cerca nel messaggio, la parte mancante per comprendere l'incongruenza, è un meccanismo di sopravvivenza.

Quando vediamo un'incongruenza, in qualsiasi situazione, ci fermiamo ed iniziamo a pensare, diamo attenzione a quella cosa e senza neanche accorgercene, ed è lì che la nostra attenzione viene catturata.

Iniziamo a investigare, il nostro sistema rilascia endorfine, ciò ci dà più energia, e veniamo completamente rapiti da quella situazione.

Ora che abbiamo fatto chiarezza sul come attrarre l'attenzione di un potenziale cliente, passiamo a come fare a inserire un'incongruenza nella nostra copy.

Quando avevo 20 anni, sono stato all'Affiliate Summit a NY, li si è parlato di tante cose, ma quello che mi ha colpito di più è stato un intervento di Michel Fortin, dove spiegava l'importanza delle contraddizioni nella headline e il body della pagina di vendita.

Se vogliamo catturare l'attenzione di un cliente, il posto migliore per piazzare la nostra incongruenza, è nella pre-headline, oppure durante lo story telling, così da farlo abboccare nelle prime righe della copy, e letteralmente costringerlo a leggere fino alla fine per risolverla.

Nei capitoli successivi verranno spiegati nel dettaglio tutte le sezioni di una pagina di vendita, così potrai avere più chiaro il quadro.

PARAGRAFO 07
6 Domande E 5 Obiezioni Alla Quale La Tua Copy Deve Rispondere.

Quando decidi di scrivere una pagina di vendita, devi assicurarti che risponda a tutte le obiezioni che può avere il potenziale cliente mentre la legge, altrimenti difficilmente riuscirai a chiudere una vendita.

Rendendo facile avere risposta alle loro domande, aumenterai inconsciamente la sicurezza che quello che stanno facendo è sicuro.

Ecco 8 Obiezioni che devi assolutamente chiarire prima di scrivere anche una parola nella tua pagina di vendita:

1. **Perché dovrei acquistare da te?**

Esistono altri prodotti uguali al tuo, perché qualcuno dovrebbe investire proprio sul tuo e non su quello di un tuo competitor, qual è la tua USP (Unique Selling Position)?

Il tuo prodotto è migliore? Perché? Procuri informazioni che non sono disponibili altrove? La tua polizza soddisfatti o rimborsati è migliore? Ho un valore migliore acquistando da te?

Qualsiasi siano le risposte, devi assolutamente dare ai tuoi lettori ragioni positive che ti contraddistinguono dalla concorrenza per fare affari con te.

2.   Che esperienza hai?

Che esperienza hai per vendere quello che stai vendendo?

Se stai vendendo un metodo per guadagnare online, lo stai facendo? Da quanti anni sei sul campo? Posso farlo anche io? Posso avere una prova?

Racconta la tua storia corredata sempre da prove schiaccianti.

3. Perché devo credermi?

Internet è pieno di artisti nel fare truffe, moltissime persone anche nell'internet marketing, vendono prodotti scadenti sotto falsi nominativi, quindi devi a tutti i costi far capire ai tuoi lettori che tu non sei uno di quelli, che tieni a loro e che tutto quello che scrivi è la pura verità.

Perché dovrebbero crederti, di dove sei? Qual è il tuo indirizzo? Hai anche un numero di cellulare dove posso contattarti? Qualche esperto può garantire per te?

4. Perché devo pagare XXX euro?

Cerca sempre di mettere in risalto il valore del tuo prodotto, i benefici che apporta a medio/lungo termine, cerca di enfatizzare tutto questo, utilizzando l'headline e i bullets.

5. Che garanzie ho che funzioni?

Metti sempre in evidenza la tua garanzia, molto spesso è proprio questa che fa la differenza e che rende possibile molte vendite. Devi eliminare totalmente il rischio da parte del cliente, facendogli sapere che può avere un rimborso qualora non raggiunga il risultato da te proposto

6. **Perché devo acquistare ora e non dopo?**

È sempre meglio evitare di far procrastinare al cliente l'acquisto del tuo prodotto, in genere se non compra in quel preciso momento, non acquisterà più, quindi bisogna battere il ferro finché è caldo, a meno che non si ha una campagna di email marketing attiva.

Perché dovrebbero acquistare subito? Ci sono le ultime scorte in magazzino? I Bonus sono limitati? Il prezzo dopo XX giorni aumenterà?

Finite le possibili domande, ora iniziamo con le obiezioni, è fondamentale saperle anticipare, ogni volta che un potenziale cliente leggerà la tua lettera, reagirà facendosi domande del tipo "ma se invece" "però" "perché?",

Il nostro compito è fargli trovare già una risposta bella è pronta.

Ecco le 5 obiezioni che devi assolutamente anticipare.

1. A me non serve.

In questo caso devi ricordargli il problema, quello che lo ha spinto a cercare una soluzione e di conseguenza finire sulla tua pagina web a leggere la tua copy.

Mostragli come potrebbe essere devastante il suo problema se non acquista immediatamente il tuo prodotto, entra in sintonia con lui e fagli capire qual è la scelta migliore.

Ricorda le persone amano il dramma, gli piace ascoltare storie motivanti, di persone che hanno sofferto e poi risolto i loro problemi, servigli una storia drammatica per catturarli a dovere.

2. Io non ti credo

Mettiti nei panni della persona che arriva sul tuo sito senza sapere niente di te, inizieresti ad essere scettico ed a chiederti se tutto quello che c'è scritto sulla copy è vero.

Come detto sopra, fornisci più informazioni possibili per far capire chi sei tu, e l'efficacia del tuo prodotto.

3. Non ho abbastanza soldi

Con tutti ormai che si lamentano del prezzo della benzina, i soldi sono diventati un bene di lusso, questo significa che è ancora più difficile chiudere una vendita se ti rivolgi ad un mercato che è stato colpito dalla crisi, devi fare in modo che comprare il tuo prodotto sia una priorità per il cliente.

Per fare questo, possiamo concentrarci sul attrarre l'attenzione sul costo e sull'impatto che avrebbe sulla vita del prospect NON acquistare il tuo prodotto, oppure, smembrare il prezzo in tanti piccoli sfizi, tipo "Con il prezzo medio di 3 pizze alla settimana, potrai finalmente risolvere il tuo problema".

Se riesci a cambiare la percezione e le priorità del prospect, allora, riuscirai a chiudere la vendita.

4. Non ho abbastanza tempo

Il tempo è un bene prezioso, e le persone non vogliono sprecarlo passando ore a imparare come possono implementare la soluzione che tu gli stai offrendo.

Devi dimostrargli che possono mettere in pratica la soluzione che gli offri, in poco tempo e senza intoppi.

Dimostragli che sai quanto è prezioso il loro tempo, e che non hai alcuna intenzione di sprecarlo.

Troppe volte io in prima persona, mi sono trovato a seguire seminari o a leggere libri, dove per arrivare al succo della questione, dovevo leggere prima 40 pagine, oppure assistere a seminari di tre giorni dove il nocciolo della questione si poteva riassumere in poche ore, non è così che conquisterai la fiducia del tuo cliente.

5. Non funzionerà mai per me.

Le persone sono di natura scettiche, quindi ogni volta che vedono qualcosa di nuovo, tendono a trovarne i difetti, e se non ne trovano almeno uno, non riuscirai mai ad ottenere la loro fiducia, come si dice, nessuno è perfetto.

Puoi riuscire a superare questo blocco in tre modi:

Primo, inserisci molti testimonial (reali) di gente comune, che hanno provato il prodotto, e hanno avuto un'esperienza positiva.

Secondo, nessun prodotto è perfetto, e se il tuo lo è, ti consiglio di creare un piccolo difetto, così da dare l'impressione di essere completamente sinceri.

Terzo, offri una garanzia soddisfatti o rimborsati super, per esempio "Soddisfatti o Rimborsati Entro 365 Giorni" questo dovrebbe dare al potenziale cliente tutta la sicurezza necessaria per procedere all'acquisto.

PARAGRAFO 08
L'Importanza Delle Leve Psicologiche

L'uso delle leve psicologiche è diventato fondamentale nel copywriting, possiamo dire che se in una copy che scriviamo, non inseriamo queste "leve" per persuadere, difficilmente riusciremmo ad entrare in empatia con il prospect e chiudere la vendita, ricordi?

L'acquisto è un fatto di emozioni!

Queste leve, chiamate in inglese "Psychological Triggers" sono state inventate da Joe Sugarman ed hanno il poter di mandare dei messaggi al subconscio per trasformare visitatori in clienti.

Sono un'arma estremamente potente che non deve assolutamente mancare nel tuo arsenale, ora presta molta attenzione, e memorizza questi Triggers:

1. **Fai tuo il problema**

È molto gratificante riuscire ad offrire una soluzione a chi ne ha bisogno, ma sai cosa vogliono davvero i tuoi clienti?

Vogliono che tu capisca davvero il loro problema, hanno bisogno di immaginarti come una vittima che è riuscito a sconfiggere il problema.

Nella tua copy, prima di iniziare a descrivere la tua soluzione, concentrati sul problema, fai capire che anche tu l'hai avuto, sai cosa si prova, e propina la soluzione, solo dopo aver persuaso il prospect nella maniera appena descritta.

2. Interrompi i loro pensieri

Domande, sfide e frasi con informazioni mancanti fanno bloccare il nostro cervello, quando ci fanno una domanda noi siamo condizionati a rispondere, stessa cosa per la copy, fai domande, per catturare ancora di più l'attenzione del prospect.

3. Falli visualizzare

Quando scrivi la tua copy, cerca di utilizzare delle immagini, di prima e dopo l'utilizzo del prodotto, magari una persona depressa, mentre descrivi il problema, e una persona felice e soddisfatta, mentre introduci la tua soluzione.

Siamo condizionati a visualizzare quello che leggiamo, se leggi su una rivista di viaggi una buona occasione per andare alle Maldive, la prima cosa che ti viene in mente sono palme, mare e tranquillità giusto? Spero di aver reso il senso.

4. Crea scarsità

Come detto sopra, devi far capire ai tuoi lettori che le copie del prodotto sono limitate e che devono agire adesso. La paura di perdere qualcosa, è di gran lunga più forte di quella di ottenere qualcosa.

Imposta sempre delle deadlines, offerte limitate, sconti, e chi più ne ha più ne metta.

5. Incuriosisci il lettore

Non c'è nulla da fare, l'uomo è curioso per natura, puoi utilizzare questa piccola debolezza per rendere la copy più interessante, giusto per fare un esempio:

"Non continuare a leggere, le informazioni contenute all'interno non sono per tutti, sicuro di voler continuare?"

E facciamo partire la seconda parte della copy.

6. Sii specifico

Devi essere più specifico possibile, non solo le persone sono curiose di natura, ma sono anche scettiche.

Soddisfale con informazioni concrete e specifiche, così da placare lo scetticismo.

Dopo tutto, secondo te quale sentenza è più facile da credere:

"Ho guadagnato €4,348 euro scrivendo pagine di vendita"

oppure

"Ho guadagnato €4.000 scrivendo"

Chiaro? Non essere mai vago.

7. Racconta una storia

Il potere delle storie e a dir poco eccezionale, basta raccontare una vera storia di un cliente che ha utilizzato il tuo prodotto con successo ed incrementerai le vendite.

Le storie, aiutano molto a potenziare la credibilità e lo status d' acquisto, aiutando le persone a connettersi con te e con il tuo prodotto, in realtà, la tua pagina di vendita dovrebbe essere interamente una lunga storia, con un'introduzione triste, e un epilogo felice.

PARAGRAFO 9
Cosa Sono I Power Boosters

Dopo aver capito bene l'importanza dei triggers psicologici, possiamo sfruttarli al massimo utilizzandoli in concomitanza con i power booster, ma cosa sono?

I power booster non sono altro che parole che una volta lette, attrarranno immediatamente l'attenzione del lettore, la parola stessa genera in loro una potente emozione, logicamente applicata in un contesto specifico che li incoraggia ad acquistare.

Visto che le headline sono uno dei fattori più importanti di una copy, sarebbe bene inserire uno o due power booster nella tua, ma non devi strafare, altrimenti rischi di perdere credibilità, usale solo quando hai un punto molto importante da mettere in evidenza.

Queste sono le parole, che più mi hanno aiutato a scrivere pagine di vendita con buone conversioni:

SEGRETO – utilizzando questa parola, creiamo una situazione non proprio chiara, così da spingere il prospect a leggere tutta la tua copy per capire meglio. (ricordi quello che abbiamo detto prima? Il modo migliore per catturare l'attenzione del prospect e creare incongruenze e contraddizioni)

"Scopri il segreto per creare Infoprodotti utilizzando un sistema infallibile"

RISULTATI – Questo è quello che tutti vogliono alla fine, assicurati che il prospect sappia cosa stai offrendo.

"Ottieni risultati duraturi ed In meno tempo"

POTENTE/FORTE/MIGLIORE – Il potenziale cliente vuole acquistare il prodotto migliore al miglior prezzo, fagli sapere che è così.

> *"Ecco il migliore strumento di Viral Marketing che puoi acquistare"*

TESTATO – Dicendo che i risultati che vuoi far ottenere al potenziale cliente sono testati, rafforzi la tua affermazione, pensa solo a quando dicono per tv o per radio, che il prodotto che stanno commercializzando è stato testato su 10,000 donne incrementando il loro benessere del 40%, tendiamo a crederci, ci dà fiducia.

> *"Tieniti pronto a scoprire queste tecniche testate per incrementare le tue vendite."*

GARANTITO – Le persone non vogliono semplicemente il risultato, vogliono che gli "garantisci" di ottenere un risultato, questa parola, rimuove il rischio dall'loro acquisto.

> *"Acquistando questo corso diventerai un master Copywriter, garantito al 100%"*

ESCLUSIVO – Sapere di aver accesso a delle informazioni esclusive, ci fa sentire speciali e più propensi all'acquisto.

"Rientra nei primi 50 acquirenti per ricevere un bonus esclusivo"

NUOVO – Questa parola non deve mancare nella tua copy, nessuno vuole un metodo vecchio, tutti sono in cerca dell'ultima innovazione.

"Il Nostro Nuovo Prodotto Ti Permetterà Di Creare Headline Persuasive"

TU – Dando del tu al lettore, farai in modo che la situazione diventi personale, e tutte le tecniche di vendita, sono più efficaci quando si entra in confidenza.

"Devi assolutamente conoscere questo segreto se vuoi distinguerti dalla massa"

SALUTE – Se il prodotto che stai vendendo riguarda la nicchia del fitness, questa parola, non può assolutamente mancare nella tua copy

"Utilizzando queste tecniche di respirazione, ti sentirai più in Salute"

ECCITANTE – Questa parola renderà il prospect eccitato è voglioso di provare il prodotto e ottenere i risultati che declami.

> *"Venire a conoscenza di questa tattica renderà ancora più eccitante e proficuo il tuo lavoro"*

SOLDI – Questa parola è spesso in prima posizione nella mente di molte persone, con bollette e spese che aumentano, se gli prometti di aumentare il loro capitale, saranno tutto orecchi.

> *"Utilizza queste semplici tecniche per avere più soldi in tasca"*

RISPARMIO – Tutti vogliono risparmiare tempo e denaro, offrigli questa possibilità e non troverai difficile catturare la loro attenzione

> *"Risparmia tempo e denaro acquistando questa guida"*

GRATIS – È un'ottima parola per aumentare la tua lista contatti, o accentuare l'importanza dei bonus offerti.

> *"Scarica gratis il report dopo aver inserito la tua email"*

OFFERTA LIMITATA – Altra parola che non deve assolutamente mancare nella tua copy, offrire solo un numero limitato di copie, è un buon modo per effettuare più vendite

> *"Approfitta ora di questa offerta limitata nel tempo"*

FACILE – Nessuno vuole intraprendere la strada più difficile, le persone scelgono sempre la via più facile, fai che scegliere la via più facile sia acquistare il tuo prodotto.

> *"Mettere in pratica queste strategie si rivelerà facile e veloce"*

MIGLIORE – L'evoluzione fa sempre gola, siamo sempre in cerca delle cose migliori, dire che per esempio la versione 2 del tuo prodotto è migliorata rispetto alla precedente, ti farà guadagnare punti.

"Dai un'occhiata alla versione migliorata del nostro software"

PARAGRAFO 10
Parole Proibite

Volendo questo piccolo paragrafo avrei potuto integrarlo facilmente con quello sopra ma ho deciso di inserirlo a sé, perché questo argomento è di vitale importanza.

Come stai vedendo, le parole che ti sto mostrando sono vere armi di persuasione, e te ne renderai davvero conto, quando metterai in pratica le nozioni apprese fino ad ora.

Ma se prima ho elencato le parole che devono assolutamente esserci nella tua pagina di vendita, ora sto per elencare quelle cinque che non devi assolutamente inserire, influiscono negativamente sulla psiche del lettore facendolo guardare altrove.

1. **Compra** – Questa parola indica solo una privazione di soldi, della serie apri il portafoglio e basta, dobbiamo prendere in considerazione parole più positive, come investi,

prenota oppure acquista, però inserita in un contesto appropriato.

2. **Impara** – Questo fa pensare all'acquirente che dopo aver acquistato il prodotto debba perdere tempo a studiarlo, meglio utilizzare, scopri, poi in questo caso dipende molto dal contesto.

3. **Dire** – Mai utilizzare il verbo dire nella tua copy, meglio utilizzare parole come rivelare, scoprire etc.

4. **Cose** – Questa parola non significa nulla inserita in una copy, in pratica non dice assolutamente niente, devi essere molto chiaro e specifico quando descrivi il tuo prodotto, meglio sostituire il termine citato sopra con, trucchi, strategie, tecniche.

5. **Fare** – È un termine troppo povero, non dà la spinta sufficiente al cliente per mettere in pratica il tuo prodotto, molto meglio, mettere a frutto, agire, azione, mettere in pratica, insomma, hai capito il concetto.

PARAGRAFO 11
Transizioni: La Chiave Dell'Attenzione

Le transizioni sono una delle parti più importanti di una pagina di vendita, in genere vengono spiegate in pochissimi libri e nessuno gli dà davvero l'importanza che meritano.

Tutto quello che rallenta la lettura del cliente, può essere un potenziale ostacolo per la vendita, specialmente una mancata transizione da un argomento all'altro.

Le transizioni non sono altro che frasi o parole che collegano due idee o pensieri in modo fluido mantenendo alta l'eccitazione del cliente.

Per fare un esempio semplice scriverò 2 piccole copy di 3 paragrafi, per spiegare l'efficacia di un integratore per palestra:

"ProteinMax contiene il 99% di proteine del siero di latte, è un prodotto altamente

consigliato per chi vuole aumentare la propria massa muscolare senza rischi per la salute e appesantire i reni.

ProteinMax è stato trattato con dei filtri a 200Micron per garantirne la massima digeribilità anche in caso di problemi intestinali, si sciolgono facilmente in qualsiasi liquido, garantendo ogni volta un'assimilazione perfetta del prodotto.

Un apporto proteico corretto è fondamentale per un corretto sviluppo muscolare, il nostro prodotto è stato confezionato con le migliori tecniche di compressione e contrariamente alla concorrenza è possibile fare con 30g di prodotto 55 applicazioni."

Nota come ogni paragrafo sembra separato, come se fosse una pausa e come ho detto prima le pause sono il nemico numero uno del nostro successo, vediamo ora gli stessi tre paragrafi applicando però le transizioni:

"ProteinMax contiene il 99% di proteine del siero di latte, è un prodotto altamente consigliato per chi vuole aumentare la propria massa muscolare senza rischi per la salute e appesantire i reni.

Ma non è tutto, ProteinMax è stato trattato con dei filtri a 200Micron per garantirne la massima digeribilità anche in caso di problemi intestinali, si sciolgono facilmente in qualsiasi liquido, garantendo ogni volta un'assimilazione perfetta del prodotto.

C'è di più! Il nostro prodotto è stato confezionato con le migliori tecniche di compressione e contrariamente alla concorrenza è possibile fare con 30g di prodotto 55 applicazioni."

Riesci a vedere nella seconda copy una fluidità maggiore? Alla fine una buona pagina di vendita si riconosce anche dalla fluidità, Ted Nicholas in uno dei sui libri elenca i "cinque elementi essenziali" di una pagina di vendita di successo:

- Chiarezza
- Fluidità
- Passione
- Credibilità
- Chiusura.

Come puoi ben vedere la fluidità è davvero fondamentale in una copy, con tutte le distrazioni che l'utente medio ha al giorno, dobbiamo rendergli l'esperienza di lettura totalmente esente da pause. Quindi in quali casi è meglio utilizzare le transizioni?

In genere utilizzare le transizioni ad ogni paragrafo potrebbe risultare quasi fastidioso per il lettore, personalmente posso affermare che utilizzare le transizioni una volta ogni due paragrafi, mi ha portato dei buoni risultati.

Ecco le 20 transizioni che uso più spesso nelle mie copy e quelle dei clienti:

1. Cosa significa questo?
2. Questo ti piacerà
3. Perché?
4. Non prendere male quello che ti dico

5. Ecco un'altra cosa
6. Credi stia sbagliando?
7. Quindi cosa ho fatto?
8. Ora guarda questo:
9. Vuoi conoscere una via migliore?
10. Aspetta c'è altro
11. Considera questo
12. Come ho detto prima
13. Lascia che ti spieghi
14. Riesci a vederne il valore?
15. Pensaci per un attimo
16. Dopo tutto.
17. Prima di tutto
18. Per questa ragione
19. In breve
20. Generalmente

In conclusione posso solo raccomandarti di utilizzare le transizioni per tutto il materiale scritto che fai, che siano volantini, biglietti da visita, squeeze page, devono diventare parte integrante del tuo lavoro.

CAPITOLO 02
Copy-Introduzione

Ora che conosci i fondamenti principali della persuasione, sei finalmente pronto a mettere le dita sulla tastiera e iniziare il tuo lavoro.

Ma come fare per farlo al meglio? Ti dirò, questo capitolo all'inizio della progettazione di questo libro non era previsto, credevo fosse scontato saper scrivere, concentrarsi, e focalizzarsi per farlo al meglio, ma ricordando i tempi di quando ho iniziato, mi sono reso conto che non è così.

C'erano dei periodi, dove ero molto produttivo, riuscivo a portare a termine il lavoro di una settimana, in due giorni scarsi, ed altri, dove non riuscivo davvero a concentrarmi, mettermi davanti al pc a scrivere, sembrava una delle cose più difficili del mondo in quel periodo, preciso che accettavo progetti di copywriting su commissione quindi la tempestività della consegna era molto importante.

Ho notato anche che non solo i miei livelli di produttività calavano, ma anche la qualità del mio lavoro né risentiva, quindi, ho messo a punto delle strategie e dei riti, che mi aiutano a migliorare la concentrazione.

Queste tecniche hanno anche eliminato la paura e l'ansia che provavo quando scrivevo, se non lo hai ancora esperienziato, un conto è scrivere per te stesso, ed un altro è scrivere per un cliente, è una sensazione totalmente diversa.

Organizzare il lavoro dettagliatamente ci dà una visione d'insieme più accurata su tutto quello che abbiamo da fare, seguendo uno schema passo dopo passo, dandoci una struttura, siamo meno soggetti alle distrazioni.

Spero che queste tattiche e riti che ti sto per esporre, ti servano per migliorare la produttività e qualità complessiva della tua scrittura!

PARAGRAFO 12
Rituale N1: Sgombra La Mente

Ricordi il film Matrix, quando prima di saltare tra i due palazzi, a NEO viene consigliato di sgombrare la mente? Bene, qui è tutto sommato la stessa cosa.

Forse può risultarti scontata o molto New Age come cosa, ma è così, vale per tutto, soprattutto per noi copywriter.

Questo processo non parte solo dalla nostra testa, ma da tutto quello che ci circonda, per esempio, abbiamo un desktop con file tutti sparsi, e un altro ordinato, con tutti i file al proprio posto.

Chi credi che sia più produttivo ed efficiente nel suo lavoro? Quello con il desktop organizzato o disordinato? Risposta ovvia no?

Tempo fa mi è capitato di andare da un nutrizionista sportivo, per prepararmi a correre una maratona, appena sono entrato nel suo studio, la scrivania era disordinatissima, le cartelle dei clienti sparse qua e là, insomma un disastro, tanto è che prima di iniziare a prendere i miei dati, ha dovuto cercare per 10 minuti una cartella nuova su cui scrivere.

Questo ti fa capire uno, se non sei organizzato, i ritmi di lavoro diminuiscono, diventi lento e confuso quando lo svolgi, e due, se accetti clienti per consulenze private, ricordati di farti trovare pronto e organizzato, perché poi ho cambiato nutrizionista!

Se si ha in mente di scrivere una pagina di vendita è bene dividere il tutto in settori, mai iniziare un qualsiasi lavoro di scrittura, senza prima pianificare ciò che si deve fare e fin dove si vuole arrivare.

Per esempio, prima di iniziare a lavorare a questo libro, ho prima deciso quanti capitoli doveva essere, ogni giorno quante pagine volevo scrivere e quanti paragrafi dovevano esserci in un capitolo, questo ha reso tutto il lavoro molto più facile, perché il nostro cervello così facendo sa immediatamente cosa fare, senza perdere tempo a capire e ragionare.

Dopo aver pulito quello che c'è fuori, dobbiamo concentrarci a sgombrare la mente, perché si sa, stress, ansia e altre sensazioni, sono un vero e proprio veleno per la nostra concentrazione, se prima non ce ne liberiamo, non potremmo mai essere al 100%.

La respirazione rappresenta anche una delle migliori tecniche di concentrazione e meditazione.

Spostare il tuo focus sul movimento ritmico del respiro ti aiuta a svuotare la mente, permettendoti di raggiungere una maggiore concentrazione, prova ad utilizzare la seguente tecnica di respirazione prima di una sessione di scrittura.

Per almeno 5 minuti, lascia che la tua mente si concentri solamente su ispirazione ed espirazione, quando altri pensieri si materializzano, prova ad osservarli in modo distaccato, tornando lentamente a focalizzarti solo sul tuo respiro.

Questo semplice esercizio permette al tuo cervello di raggiungere uno stato di maggiore concentrazione, particolarmente utile per l'apprendimento, memorizzazione e creatività.

Una corretta respirazione può influire profondamente sul nostro stato d'animo, numerose tecniche di rilassamento si basano proprio su esercizi di respirazione.

A mio avviso, la tecnica di respirazione più efficace per eliminare lo stress è la tecnica nota come respirazione diaframmatica.

Ecco come applicare la tecnica prima di una sessione di scrittura:

- Siediti in una zona tranquilla.
- Appoggia la mano destra sul tuo addome e la sinistra sul petto.
- Inizia a respirare lentamente e con respiri profondi.

Controlla che la mano destra segua il movimento del tuo addome durante l'inspirazione e l'espirazione, mentre la mano sinistra rimane immobile così come il tuo petto.

Ti basteranno 5-10 minuti di respirazione diaframmatica per eliminare le tensioni e godere di una piacevole sensazione di benessere.

A differenza di quello che potrebbe sembrare, la respirazione diaframmatica non è una stramba tecnica di rilassamento, ma al contrario è utile per rieducare il nostro corpo a respirare nel modo in cui è stato "progettato": con il diaframma.

Il breath walking combina due dei nostri gesti più naturali: camminare e respirare.

Sincronizzando opportunamente la nostra camminata e la nostra respirazione, possiamo ottenere numerosi benefici, tra cui:

- un maggior livello di energia.
- un miglior controllo del nostro stato d'animo.
- un notevole incremento della chiarezza mentale.

Ecco un semplice esercizio di breath walking:

1. Inizia a camminare finché non trovi un ritmo confortevole.

2. Fai quattro brevi inspirazioni consecutive sincronizzandole con la tua camminata

3. Fai quattro brevi espirazioni consecutive, sincronizzandole con la tua camminata

4. Ripeti per non più di 5 minuti.

Ti accorgerai immediatamente degli effetti positivi: un leggero senso di euforia, maggior creatività e motivazione.

PARAGRAFO 13
Rituale N2: Visualizza Il Risultato

Dopo aver liberato la mente, ora dobbiamo visualizzare quello che sarà il nostro lavoro della giornata, mettiamo il caso un cliente o tu personalmente hai da fare un lavoro e inizi a scrivere senza studiare a fondo il prodotto in questione, la tua mente verrà bloccata continuamente dal tuo subconscio con domande del tipo:

> *"Aspetta non ho capito bene quando il cliente ha detto che questa pagine di vendita si rivolgeva a persone anziane o anche a giovani"*

> *"Il cliente ha detto che mi avrebbe mandato più informazioni più tardi, quindi mi sa che aspetterò"*

> *"Ha senso quello che ho scritto? L'audience ricevente lo interpreterà come*

voglio io? Meglio chiedere più informazioni"

"Questa parte non la conosco, meglio saltarla e quando otterrò le informazioni necessarie la completerò"

E chi più ne ha più ne metta, il cervello ci metterà i bastoni tra le ruote fino alla fine se prima di scrivere non ci informiamo bene e non visualizziamo più o meno quello che abbiamo intenzione di scrivere.

Se vuoi una mente focalizzata sul lavoro al 100% devi prima progettare tutto.

Prendiamo un capo cantiere, quando gli assegnano un progetto deve calcolare esattamente i materiali occorrenti, e deve farlo bene, altrimenti potrebbe perdere dei soldi, meglio la situazione viene pianificata, più guadagno ne riceve.

Il Copywriter fa la stessa cosa, solo che la maggior parte delle volte non ci mettiamo tutto l'impegno necessario, perché le parole non si pagano, giusto? Sbagliato.

Le parole hanno un prezzo non indifferente, in fondo, rappresentano la qualità del tuo lavoro, se lavori per un cliente, o anche per te stesso, le parole sono il miglior strumento di valutazione per far capire alle altre persone che hai fatto un buon lavoro, sicuramente se un cliente non è soddisfatto del tuo lavoro, o il tuo prodotto non vende come avresti preventivato, allora sì che perdiamo soldi.

Un buon modo per rimanere focalizzati è dividere tutto il lavoro in piccoli blocchi, spesso all'inizio quando creavo infoprodotti in maniera non corretta, mentre scrivevo, venivo preso dall'ansia di dover fare la parte grafica, o mentre facevo la parte grafica, entravo in panico perché mancava molto a finire la pagina di vendita.

È bene quindi, impostare la priorità per ogni lavoro e dividere in tanti piccoli task, e a questi task, bisogna dare un tempo, altrimenti stai certo, che il cervello cercherà in tutti i modi di rallentarti, e ci riuscirà!

Per dividere tutto in tante parti, utilizzo le mappe concettuali che sono davvero ottime, mi permettono di vedere con precisione, quante cose mi mancano da fare e in che ordine.

FreeMind è un ottimo programma gratuito Open Source che ti permette di creare delle ottime mappe concettuali per tutte le necessità, se invece vuoi qualcosa di più avanzato, ti consiglio MindJet, costa 79 euro all'anno, ma è davvero un ottimo software.

Questo sistema è utilizzabile dappertutto, sicuramente fare le cose con organizzazione, migliorerà sensibilmente il tuo stile di vita.

PARAGRAFO 14
Rituale N3: Inizia A Scrivere

Ora che hai tutte le informazioni che ti servono, e ti sei ritagliato del tempo per scrivere, è ora di cominciare, sembra facile no?

L'inizio è il punto critico di molti copywriter, si siedono e cominciano a guardare tutto il lavoro che devono fare non riuscendo ad ottenere il focus iniziale per cominciare, ho conosciuto molte persone che mi facevano sempre la stessa domanda:

> *"Brian, non riesco a scrivere neanche la prima parola, come posso fare?"*

Logicamente non riuscivano a scrivere perché non avevano portato a compimento i primi due rituali, anche se c'erano tutte le buone intenzioni, il loro cervello non era preparato a svolgere quella funzione, era ancora pieno di dubbi.

Quando non controlli le email, o lasci qualcosa in sospeso è davvero un tormento, sono sicuro che ti è capitato di scrivere e sentire una vocina nella testa che fa "controlla la mail" oppure "Vedi se caio su facebook ti ha risposto".

Prima di iniziare a fare qualsiasi cosa, è meglio risolvere prima tutte le questioni in sospeso.

Ma cosa fare se dopo aver seguito i rituali e portato a termine tutti gli impegni non riusciamo ancora a scrivere?

Anche avendo tutto preparato a volte può essere difficile iniziare, se anche tu non ci riesci, puoi utilizzare questi trucchi per ignorare il tuo cervello e procedere con il tuo lavoro

Trucco #1 - Non Iniziare A Pagina Bianca

Se ci siamo prefissati che lunedì alle 10.00 fino alle 12.00 scriviamo la prima parte della mia pagina di vendita, per evitare di affrontare il lavoro avendo la pagina completamente bianca, ci anticipiamo, venti minuti prima apriamo il file Word e iniziamo a scrivere qualche frase iniziale e qualche headline, roba di massimo 4 -5 minuti.

Fatto questo chiudiamo il file, e torniamo a fare quello che stavamo facendo.

Quando l'orologio segnerà le 10.00 e apriremo il nostro file, non avremmo più il trauma da pagina bianca e riusciremo a lavorare meglio.

Trucco #2 – Non Iniziare Dall'inizio

Quando ci accingiamo a scrivere, le prime frasi sono sempre quelle che ci mettono una maggiore tensione, hai solo 5-6 secondi per catturare l'attenzione del cliente e fargli leggere la tua pagina di vendita, quindi, la headline e le prime linee del body, sono le più importanti.

Per superare questa tensione, inizia direttamente dal body, salta la parte che ti dà tensione e quando sei pronto, falla, l'importante è rompere il ghiaccio all'inizio, il resto verrà da sé.

Trucco #3 – Scrivi Disinteressato

Questa tecnica la uso ogni volta inizio a scrivere un articolo o una pagina di vendita, il trucco sta nell'iniziare a scrivere in modo disinteressato, ossia non dare troppo peso alla sintassi, tempi etc., scrivere solo quello che viene in mente in quel momento, ad un certo punto, incomincerai a scrivere in modo corretto, e avrai superato il trauma della pagina bianca.

Questo è il mio metodo preferito, perché mi permette durante la prima parte, di dare libero sfogo al mio subconscio, non curandomi di nulla.

Trucco #4 – Cerca E Prendi Spunto

Sempre per superare il blocco da pagina bianca, possiamo dare un'occhiata alla concorrenza, come ha iniziato, non dobbiamo copiare, solo prendere spunti interessanti per rimuovere il nostro blocco.

Se proprio non riusciamo a proseguire, una buona tecnica è fare una copia e incolla della frase iniziale utilizzata dalla concorrenza, e continuare a scrivere le altre frasi secondo la nostra scaletta.

Facendo così rimuoviamo il problema della pagina bianca e possiamo concentrarci più sul nostro lavoro, ricordati di sostituire la riga copiata, quando sarai pronto.

PARAGRAFO 15
Rituale N4: Segui Il Piano

Ora che hai investito una buona parte del tuo tempo programmando tutto ed effettuando la prima sessione di scrittura, è ora di seguire il piano che hai creato meticolosamente.

La bellezza di questi rituali, sta nel fatto che possono davvero far diventare la scrittura di una pagina di vendita, molto più facile e veloce, è un dato di fatto che le persone non istruite a questo tipo di rituali, finiscono per fare il doppio del lavoro, con risultati più scadenti.

Ora che hai creato la tua mappa concettuale con i tempi di realizzazione su ogni step da compiere, devi cercare di rispettarli il più possibile, deve essere una cosa presa molto seriamente, come se ne dipendesse la tua carriera, se la si prende come un gioco, non avrà la stessa efficacia.

Ma attenzione, questo non vuol dire che non devi mai sforare con il tempo, purtroppo questo non è possibile, a volte ci può volere un po' di tempo per far uscire la creatività che c'è in noi, non è una cosa che possiamo far uscire a comando, quindi con un po' di disciplina, si otterranno degli ottimi risultati.

All'inizio non sarà facile, ma ho un piccolo tool che può esserti molto utile.

Per massimizzare la produttività, io utilizzo la tecnica del pomodoro, creata da Francesco Cirillo.

Si tratta di un metodo per ottenere il massimo dal nostro tempo trasformandolo nel nostro più valido alleato, usando questa tecnica riusciamo a concludere con successo le nostre attività e a migliorare il nostro metodo di lavoro.

La utilizzo con successo ancora adesso, in poche parole, il procedimento è il seguente:

1. Scegli il task da completare;
2. Imposta il Pomodoro a 25 minuti (Il Pomodoro è il timer);

3. Lavora sul task senza distrazioni o interruzioni fino a che il Pomodoro non suona, quando hai finito, spunta il task nella to-do-list.
4. Prenditi un piccolo break (5 minuti vanno bene);
5. Ogni 4 pomodori prenditi una pausa un po' più lunga.

Il primo, grande beneficio che ho potuto verificare è che questa tecnica aumenta sensibilmente la capacità di focalizzarsi su un compito ben preciso, limitando di molto le interferenze dovute a distrazioni esterne.

È da molto tempo che utilizzo questa tecnica, personalmente la uso con lo smartphone, è davvero indispensabile, avendola sperimentata per qualche tempo, ecco qualche consiglio per chi non l'ha ancora provata e si sta avvicinando facendo i primi tentativi.

1) lunghezza di un pomodoro. Se siete persone che, come me, riescono a concentrarsi e isolarsi facilmente dai disturbi esterni, vi consiglio di

sperimentare tempi di "pomodoro" più lunghi, anche fino a 45 minuti / un'ora. Facendo così ho notato molto meno "ansia da prestazione" e un maggior numero di compiti terminati per giorno. Potrebbe essere utile in questo senso allungare anche le pause, senza esagerare però!

2) Attività fisica. Ad ogni pausa devi alzarti e fare qualcosa di completamente diverso, magari andare a fare una passeggiata, io personalmente ho un formicaio e lo utilizzo per distrarmi, inoltre aumenta la mia produttività, vedere 1,000 esserini che lavorano 24/24h mi dà una carica pazzesca, se hai la possibilità, può essere un esperimento interessante.

3) Non esagerare con le liste. Attento a non cadere nella trappola della pianificazione infinita, pianificare tutto va bene, ma si deve decidere quando iniziare il lavoro, cinque o sei task al giorno vanno più che bene.

Detto questo, mi raccomando, metti in pratica questi strumenti prima di iniziare a scrivere, e vedrai che tutto ti apparirà più facile.

PARAGRAFO 16
Scrivere Come Una Macchina

Le domande sono la chiave di tutto, facendo domande, noi in cambio riceviamo risposte, idee e pensieri, se sei lì, pensando a cosa scrivere sulla tua copy, domandati tutto ciò che ti è possibile.

L'ideale sarebbe mettersi con carta e penna, e iniziare a domandarsi tutte le obiezioni che può avere un cliente, domande sul prodotto, incertezze che possono sorgere etc....

Migliori e mirate saranno le domande, migliori a loro volta saranno le idee, pensieri e risposte che ne deriveranno, sul quando scrivere le risposte, ci arriviamo dopo.

Iniziamo col dire che la maggior parte delle persone, pensa che scrivere sia una cosa difficilissima, quasi impossibile, una cosa che non possono fare, così non iniziano mai e inventano delle scuse, del tipo

"Non ho tempo per scrivere" oppure *"sono troppo impegnata"* o anche *"non conosco abbastanza bene questo argomento"*

Sono solo bugie che diciamo a noi stessi per evitare di portare a termine il compito.

Queste sono le cose che provavo io, prima che scoprissi il modo facile di scrivere, non capivo che fino ad allora, mi stavo solo complicando la vita.

Non solo questo metodo, renderà più facile il compito della scrittura, ma lo migliorerà.

La prima cosa che faccio per scrivere in modo più efficiente, e con più entusiasmo è dividere quello che ho da scrivere in dei piccoli pezzi, nel gergo della scrittura, questi piccoli pezzi, vengono chiamati "blocchi"

Non uso in genere quella parola, perché mi fa venire in mente un blocco pesante, difficile da muovere…e non è quello che sto cercando!

Ora questi piccoli pezzi, devono essere completati con dei momenti di frenesia, cerco di essere più chiaro.

Ti è mai capitato di avere quei 10 – 20 minuti dove scrivi con convinzione e in modo molto veloce quasi come se fossi preda di un lampo di genio?

Bene, quella sarà la sensazione che vogliamo ricreare per portare a termine le parti appositamente sezionate in piccoli paragrafi, questa sensazione è chiamata in gergo "essere nella zona".

Quando programmerai te stesso a scrivere sotto l'effetto di queste frenesie, il tempo volerà, e comincerai a scrivere per tempi più lunghi, sarà ottimo anche per le distrazioni, poiché non avrai bisogno di barricarti nello studio, o in una camera cercando di concentrarti, sarai talmente preso dallo scrivere, che non farai caso a niente.

Prima di passare al capitolo successivo, voglio condividere una cosa con te, non l'ho mai detta ad anima viva, è un metodo che mi aiuta a lasciarmi andare mentre scrivo, così da dare libero sfogo alla mia parte creativa.

Il metodo consiste di immaginare di stare scrivendo ad un amico immaginario, è una tecnica ottima e ti spiego perché. (no, non sono pazzo)

Quando scriviamo qualcosa ad un amico, siamo molto più rilassati, le parole escono con più fluidità e diamo libero sfogo alla nostra parte creativa senza preoccuparci troppo di essere magari inopportuni.

Ma non bisogna avere un amico immaginario qualsiasi, gli si deve dare un nome, degli hobby, età etc. In pratica, deve rispecchiare il prototipo di cliente della tua nicchia di mercato.

Ti chiedo solo di provarci mentre scrivi, so benissimo che può sembrare una cosa folle, ma funziona.

PARAGRAFO 17
Come Entrare Nella Zona

Per zona intendiamo come detto sopra, una situazione di frenesia, dove riusciamo a scrivere meravigliosamente e senza interruzioni.

Per entrare nella zona, devi avere molta pazienza e pratica, non è certo una cosa che avviene schioccando le dita, è un qualcosa che senti dopo qualche minuto, so che non è piacevole all'inizio, ma è così che funziona.

Anche per Michael Jordan ci sono voluti anni, stessa cosa per Tiger Woods, non hanno schioccato le dita per entrare nella zona, ci sono voluti anni per loro.

Fortunatamente per noi, entrare nella zona è molto più facile per la scrittura, che per una partita di basket o golf.

Ma non puoi aspettarti di sederti, mettere le mani sulla tastiera e subito scrivere fluidamente, questo non succederà mai, la prima cosa da fare è iniziare a scrivere, è una sensazione che si manifesta lentamente, mentre scrivi.

Quando finalmente riesci a concentrarti abbastanza per entrare nella zona, vuoi assolutamente rimanere lì, purtroppo ci sono molte cose inizialmente che possono farti distrarre.

- **Famiglia Ed Amici**

Distrazioni da parte di elementi della famiglia sono davvero frequenti, specialmente se lavori a casa, devi cercare di informare tutti dei tuoi orari di lavoro, crearti uno spazio dove non può accedere nessun'altro oltre che te, chiudere fuori il cane e concentrati.

- **Internet**

Internet è una risorsa ricca di informazioni, specialmente per noi Copywriter, ma bisogna stare molto attenti a non perdersi nei meandri della rete, spesso qualche anno fa, mi fermavo per verificare una cosa su internet, e ci rimanevo per molto tempo, giustificandomi che stavo facendo delle ricerche, ma invece stavo soltanto mentendo a me stesso.

Le ricerche producono risultati se dopo aver trovato quello che cerchi lo metti immediatamente in pratica, se invece ti limiti solo a fare ricerche, allora non stai ricercando niente, stai solo perdendo tempo.

Usa internet come un'arma, non come una distrazione.

- **Cellulare**

La miglior cosa è spegnerlo per tutta la durata della tua sessione, hai già abbastanza distrazioni contro cui combattere, meglio eliminare il cellulare, se proprio non puoi farne a meno e vuoi essere raggiungibile, disattiva la suoneria, e accetta i messaggi in segreteria.

Mantieni il controllo del tuo tempo, non è facile all'inizio, ma con il tempo andrà molto meglio.

Queste più o meno sono le cose basilari, l'importante è tenere al di fuori, tutto quello che non è lavoro.

A volte però, la sola concentrazione non basta, ci sono dei piccoli espedienti, che possono aiutarci a raggiungere prima la zona e mantenerla, per esempio:

Caffeina/Erbe - Personalmente, ogni volta che mi preparo a scrivere, non può mancare il caffè, di perse' la caffeina è una sostanza che aumenta la concentrazione, quindi se credi di dover scrivere a lungo, sulla tua scrivania non può assolutamente mancare.

Se invece non sei un tifoso del caffè, ma non vuoi rinunciare ad una sostanza che ti dia una spinta in più, non posso che consigliarti il guaranà o il ginseng, sono due erbe eccezionali, ti permettono di aumentare concentrazione ed energia, ti consiglio di alternare gli utilizzi, per esempio, un giorno ginseng, e un giorno il guaranà, perché se assunti in maniera costante provocano dipendenza (come il caffè).

Musica – Un'altra cosa che per me non può proprio mancare è la musica, su questo però ogni persona è diversa, alcuni preferiscono lavorare su una base rock, mentre altri su una Soul, devi trovare il tuo ritmo, la cosa importante è che la musica deve essere in sequenza, se proprio vuoi utilizzare Youtube, scegli una playlist, altrimenti ogni volta che finisce il brano, devi smettere di scrivere e premere play, e non è proprio il caso.

Questo per dire che devi trovare quello che ti stimola al meglio la parte creativa del cervello, facendoti restare concentrato.

PARAGRAFO 18
Come Far Uscire La Parte Creativa

Con tutte le scadenze, urgenze e via dicendo, fare il Copywriter può essere davvero un lavoro difficile, non tutti riescono a sedersi e tirare subito fuori tutto quello che hanno in testa, specialmente quando devono forzarsi a scrivere per finire entro una determinata data, il paragrafo parla di parte creativa, mi sento di specificare che nel Copywriting c'è ben poco di creativo, di fatto mi piace riferirmi alla copy come scientifica.

Ci sono però delle strategie, che usate mentre scriviamo possono aiutarci molto, per esempio, durante la scrittura non dobbiamo mai fermarci ad analizzare quello che scriviamo, è davvero un grosso sbaglio e può distruggere la tua creatività.

Quando lo fai, rallenti il tuo cervello, perché deve passare dalla parte creativa a quella logica di continuo, con il rischio di dimenticare cosa si sta scrivendo, demoralizzarti e smettere di scrivere.

Quindi consiglio di dividere la scrittura in 2 fasi, quella creativa, dove si dà libero sfogo alle idee e creatività, e quella logica, dove si correggono eventuali imperfezioni ed errori.

Un altro errore comune è iniziare a scrivere avendo troppe idee, il fine ultimo è riuscire a far fluire fuori le nostre idee in ordine, in modo che la nostra copy possa avere un senso logico, mentre se cominciamo già con le idee confuse, il risultato non potrà che essere confuso.

Questo richiede un po' di allenamento all'inizio, un esercizio da fare per organizzarsi le idee prima di scrivere consiste nel fare un piccolo memo vocale di quello che ci siamo prefissati di scrivere nella sessione corrente, e ogni volta che ci sentiamo confusi o incerti, riascoltare la registrazione e tutto apparirà più chiaro.

Il nostro cervello genera idee in continuazione, anche mentre scriviamo, una buona norma è prendere nota dell'idea su un file di testo in modo da non dimenticarla.

Ma oltre alle idee e la confusione, molto spesso siamo frenati dalla paura di essere giudicati, di non piacere, di non scrivere abbastanza bene, ci preoccupiamo del giudizio dei nostri lettori, ti dirò una cosa.

La Paura Uccide La Mente

Devi assimilare bene il concetto sopra, perché non c'è niente di più vero, la paura blocca la tua creatività, è il nemico numero uno quando si scrive.

Da piccolo amavo ballare, il mio istruttore mi disse una cosa che tutt'ora applico in vari campi della mia vita, ossia "Balla come se nessuno ti stesse guardando" il significato di questo va oltre il ballo, e può essere applicato a tutte le attività che svolgiamo.

Applicato alla scrittura *"Devi scrivere come se non lo dovesse leggere nessuno"* significa naturalmente che devi cercare di scrivere solo per te stesso, perché appena inizi a pensare a cosa potrebbero dire le persone del tuo lavoro, hai perso.

Perché sai una cosa?

Non a tutti piacerà il tuo modo di scrivere, è impossibile, sarai fortunato se il 50% che lo leggerà piacerà, l'importante sono i concetti e le informazioni che riesci a far trasparire attraverso la tua copy.

Dal momento che inizi a scrivere per piacere a tutti, è proprio in quel momento che inizierai a non piacere a nessuno.

Appena processerai bene questo concetto e lo farai tuo, ti sentirai libero, e cambierai totalmente il tuo modo di scrivere, sarai in grado di rilassarti e iniziare a creare, invece di sederti alla tua scrivania, e inventare scuse per non scrivere.

PARAGRAFO 19
Correggere E Organizzare

Quando hai finito di utilizzare la parte creativa del tuo cervello, è il momento di utilizzare quella logica, per editare e rendere migliore il tutto.

Questi due lavori, devono sempre essere effettuati separatamente, perché come ho detto prima vanno in conflitto.

Prima di iniziare ad editare il mio testo, mi prendo qualche giorno libero, dove non penso alla scrittura o a correggere, mi aiuta a riorganizzarmi per il nuovo compito che mi aspetta.

Se si tratta di un articolo o una pagina di vendita, bastano due o tre giorni, ma se invece parliamo di un libro di 80-90 pagine, serve qualche giorno in più.

Forse è capitato a tutti, spesso quando leggo una pagina di vendita per molte volte, finisco per non vedere più errori, quando in realtà ci sono, per ovviare a questo problema uso due soluzioni:

1. Farla leggere ad un minimo di 2 persone

In genere prima di pubblicare la mia pagina di vendita, la faccio leggere a qualche amico fidato o collega, data la loro imparzialità, possono vedere errori che noi non vediamo.

2. Leggere la pagina di vendita dal basso verso l'alto

Facendo così mettiamo il cervello in una condizione di disagio, rendendolo più sensibile a identificare i vari errori nella copy.

Logicamente se nel testo ci sono errori grammaticali gravi questo si ripercuoterebbe pesantemente sulla nostra credibilità, fai molta attenzione.

PARAGRAFO 20
Esercizi Di Scrittura Creativa

Non tutti al primo colpo riescono a scrivere in modo creativo, ecco perché raccomando di fare questi esercizi, minimo 2 volte alla settimana, fin quando non si imparerà a scrivere in modo fluido e continuo.

- **Scrittura Libera**

La scrittura libera è un ottimo modo per allenarsi a scrivere, possiamo scrivere per esempio l'andamento della nostra giornata, inserendo più dettagli possibili, ricreare situazioni, anche inventare quello che vorremmo che ci fosse successo.

Spesso faccio ancora questo esercizio per tenermi allenato, invento una storia dove magari nella mia giornata di tutti i giorni sono come Ironman e compio imprese eroiche che rimangono nella storia, questo è davvero un buon modo per allenare la creatività, soprattutto perché sei sicuro che nessuno leggerà quello che stai scrivendo, quindi puoi rilassarti e scrivere in pace.

- **Scrivere al Buio**

Questo è un ottimo esercizio se sei una di quelle persone che non può fare a meno di rivedere la frase dopo averla scritta, prima ho spiegato perché è una cattiva abitudine, quindi provare qualche volta a scrivere al buio, può fare davvero la differenza.

Quando scrivi in una stanza buia, amplifichi la creatività del tuo cervello, che non potendo utilizzare la vista usa tutta l'energia per migliorare la parte creativa.

Logicamente per far sì che questo esercizio sia efficace, bisogna scrivere su carta.

- **Scrivere a Schermo Spento**

È la stessa cosa di sopra, solo che questo è adatto alle persone che proprio non vogliono scrivere su carta.

La prima volta che ho fatto questo, ho provato una sensazione stranissima, ho spento il monitor, e ho iniziato a scrivere per un 20 minuti, quando poi ho acceso lo schermo, sono rimasto stupito della mia stessa scrittura!

Tra tutti, questo è l'esercizio che devi assolutamente fare, perché regala davvero sensazioni forti, ed è di fondamentale aiuto per la tua tecnica.

- **Non Abbatterti Sui Punti Morti**

Purtroppo non c'è un esercizio per evitare di imbatterti in quei punti, dove ti sembra di non avere più nulla da scrivere.

Un buon modo per riprendere, è alzarsi dalla sedia e farsi una passeggiata, vedere un film, parlare con qualcuno, insomma, qualcosa che ti faccia venire l'ispirazione.

Personalmente, se non posso fare nulla di queste cose perché ho una consegna urgente alla porta, faccio salire il mio bassotto sulla scrivania e ci parlo, si hai capito bene, lascio che il mio cervello trovi la risposta da solo, comunicando con il mio subconscio, forse chi ci vede può pensare che abbiamo qualche rotella fuori posto, ma non dobbiamo darci peso, anzi, i migliori copywriter sono in genere sempre un po' lunatici.

PARAGRAFO 21
Tecnica Index Drill

Questa particolare tecnica per mantenere la concentrazione per lungo tempo, fu inventata da Einstein molto tempo fa per riuscire a concentrarsi nella lettura sopra i 40 minuti senza nessuna distrazione.

L'ho usata per un po' di tempo riadattandola alla scrittura, e posso dire con certezza che funziona, il procedimento è molto semplice:

1) Hai bisogno di un foglio di carta ed un timer, dovrai iniziare a cronometrarti per tre minuti, poi maggiori sono i progressi maggiore sarà il tempo che potrai cronometrare.

2) Scrivi su quel foglio bello grande come se fosse una headline *"Non Mi Farò Più Distrarre"*.

3) Inizia a scrivere la pagina di vendita o qualsiasi altra cosa.

4) Quando vieni distratto da qualcosa e ti blocchi, indica con il punto dove ti sei bloccato e fai un segno sul foglio di carta.

5) Guarda intensamente il punto dove ti sei bloccato e dici a te stesso con voce decisa "Non Mi Farò Più Distrarre" riferito alla distrazione.

6) Continua a scrivere tranquillamente

7) Quando ti capita una nuova distrazione, ripeti lo step quattro e cinque.

8) Alla fine dei tre minuti, controlla quanti segni ci sono sul foglio, man mano che ridurrai le distrazioni, potrai aumentare il tempo fino a 40 minuti.

Ti basterà fare questo esercizio 3 volte alla settimana per aumentare la tua concentrazione e lavorare meglio.

CAPITOLO 03
Copy-Introduzione

Siamo finalmente arrivati alla mia parte preferita, non dico che gli argomenti trattati prima non mi interessino anzi, sono una parte essenziale per capire al meglio questo capitolo, la stragrande maggioranza dei libri che ho letto sul copywriting, non dedicava spazio alle basi di una copy, o al mindset necessario per iniziare a scrivere, cose che secondo la mia esperienza sono fondamentali.

    Tutti gli argomenti trattati in questa sezione sono frutto di anni di studi, strategie sul campo, e innumerevoli test.

    Chiunque voglia insegnare una disciplina del genere, deve avere della solida esperienza alle spalle, non è quel tipo di argomento che basta leggere libri per comprenderlo, il copywriting è un lavoro molto dinamico, quasi imprevedibile, quindi se hai già letto qualcosa sul copywriting ma per te non ha funzionato non stupirti, è perfettamente normale, ci vuole pratica.

Quando finirai di leggere questo capitolo, la mia promessa è che riuscirai a scrivere una copy come un vero professionista, scoprirai la vera anatomia di una pagina di vendita, e come riuscire a sfruttare al meglio ogni punto per attrarre l'attenzione dell'utente e risucchiarlo inevitabilmente, verso il pulsante di acquisto.

PARAGRAFO 22
Anatomia Di Una Pagina Di Vendita

Finalmente dopo la teoria, si passa alla pratica, una pagina di vendita è costituita da molti elementi, che quando vengono messi assieme nel modo corretto, creano un vero e proprio capolavoro, non è complicato se ci si affida ad un libro specifico come questo, mentre gli autodidatti, avranno la vita piuttosto difficile nel comporne una efficace.

Non inventeremo nuovi metodi per fare copywriting, ma ti illustrerò vere tecniche e metodi collaudati in anni di test, e utilizzati dai massimi esponenti del settore.

In ordine, ecco una lista di tutte le parti che compongono una pagina di vendita:

- Teaser Line (opzionale)
- Headline

- Sub-Headline
- Apertura E Introduzione (quasi opzionale)
- Costruire Credibilità e fiducia
- Benefici (Bullets)
- UPS (Unica posizione di vendita) (opzionale nella LP/PDV)
- Testimonianze
- Struttura l'offerta
- Bonus
- Garanzia Soddisfatti O Rimborsati
- Scarcity
- Prezzo
- Call to Action
- Ps – Pss – Psss – (opzionale)

Ecco come esattamente si compone una pagina di vendita, più avanti andremo ad analizzare nel dettaglio tutte queste sezioni, e spiegherò a fondo come è possibile sfruttare al meglio ognuna di queste per creare un vero e proprio capolavoro.

Online vedo pochissime persone preparate che mettono online pagine di vendita davvero persuasive, questo perché, il copywriting in Italia è un mestiere "nuovo" quindi la maggior parte delle persone, tende ad improvvisare, o a scopiazzare qua e là per comporre la propria pagina.

Adesso, analizzeremo assieme ogni parte e darò degli esempi pratici, che potranno essere utilizzati in qualsiasi situazione, su alcuni punti mi dilungherò di più perché alcune sezioni sono più importanti di altre, iniziamo.

PARAGRAFO 23
Teaser Line

Per teaser line intendiamo una piccola frase, subito dopo l'header grafico e prima della headline.

È una parte di fondamentale importanza che ha il compito di catturare l'attenzione del potenziale cliente appena entra nel sito, per conquistare la sua fiducia e convincerlo a proseguire con la lettura, abbiamo solo 5 secondi, quindi dobbiamo sfruttarli al meglio inserendo soltanto frasi chiave che possono agire sulla sua psiche per stimolare curiosità e interesse.

Facciamo il caso vogliamo vendere un prodotto che educhi il padrone ad addestrare il proprio cane, delle teaser line efficaci sarebbero:

> *"Se stai cercando di addestrare il tuo cane al meglio, questa è la soluzione definitiva"*

"Il tuo cane non ti ascolta? questa può essere la lettera più importante che leggerai"

"Vuoi diventare un addestratore esperto? allora leggi con attenzione"

Logicamente più informazioni abbiamo sul prodotto, più possiamo creare una teaser line efficace, meglio ancora se abbiamo la possibilità di personalizzarla con il nome della persona, magari utilizzando Aweber.

La cosa più importante da sapere, è che questa frase ha anche il compito di preparare il lettore alla lettura della headline, ossia il vero punto forza della maggior parte delle pagine di vendita, senza una headline forte, è molto difficile ottenere l'attenzione, vediamo come fare.

PARAGRAFO 24
Headline

Quando leggi un giornale, o vedi dei articoli su internet, come fai a scegliere quali leggere e quali no?

Non è possibile leggerti tutti, perché ce ne sono troppi, quindi ci troviamo costretti a leggere solamente quelli che ci interessano o che hanno quel qualcosa in più.

La prima cosa che un potenziale cliente noterà quando entra sul tuo sito è la headline, allora come facciamo a sapere quando abbiamo una buona headline? Semplice, quando vediamo che il potenziale cliente non esce immediatamente dal sito appena dopo essere entrato.

In pratica tutto quello che devi fare è conoscere bene la tua nicchia, e scrivere qualcosa che possa influenzare positivamente la clientela, è il primo punto di contatto con un tuo potenziale cliente e se il tuo messaggio non incuriosisce abbastanza da spingere il prospect a leggere oltre le prime righe, allora devi cambiarla.

Il solo scopo di una headline è quello di mantenere il cliente interessato e fargli leggere l'intero contenuto della tua pagina.

Le persone sono come te e me, sempre impegnate a fare un sacco di cose, ecco perché è difficile catturare la loro attenzione.

Più scioccante e controverso è il tuo messaggio più possibilità hai di persuaderli ad ascoltarti, se non attrai l'attenzione, il prospect non leggerà il resto, quindi non chiuderai mai la vendita.

Non è una sorpresa che degli studi hanno dimostrato che l'80% delle persone quando entra in una pagina legge per primo la frase con il carattere più grande (headline).

Visto che è così importante, dobbiamo dedicare molta attenzione durante la stesura, prima di tutto, l'headline deve rispondere a questi 3 quesiti nella testa del prospect:

- Cosa mi può interessare?
- Perché dovrei ascoltarti?
- E allora?

Se non dai alle persone una ragione per continuare a leggere, lo dico di nuovo perché è molto importante, non acquisteranno mai.

Ci sono molti modelli di headline che possiamo usare, quelli che ti illustrerò adesso non solo possono essere utili per le tue pagine di vendita, ma anche per titoli posti nei blog, ads, annunci etc.

1. **Headline Diretta** – Le headline per le offerte dirette sono in genere molto brevi e senza fronzoli, non funzionano attirando curiosità ma semplicemente informando l'utente di un'offerta interessante, esempio:

   "Seminario Marketing avanzato – 20 Posti disponibili!"

   "Report sul Marketing gratuito – solo per oggi!"

2. **Headline Indiretta** – Le headline indirette, offrono un approccio più subdolo, stimolando la curiosità del cliente su un determinato argomento non facendo capire troppo nell'immediato.

> *"Scopri come vivere con la tua pensione in un paradiso terrestre in 15 minuti"*

> *"Scopri come poter superare la prova costume del 2017 in 3 semplici mosse"*

3. **Headline Domanda** – Questa variante deve porre una domanda che il cliente già si fa nella sua mente da tempo, solo che devi far capire che sei in grado di dare una risposta, l'obiettivo è quello di creare curiosità ed empatia, dando una soluzione al problema in seguito.

> *"I sintomi che manifesti sono da ansia da prestazione? Scoprilo adesso."*

> *"Soffri di ipersensibilità del glande? Controlla i sintomi qui."*

4. **Headline Giornalistica** – Questa variante la vediamo tutti i giorni sui quotidiani o su qualche link su facebook, in pratica questo tipo di headline vengono usate quando c'è da annunciare una ricerca scientifica, un cambiamento o miglioramento di un prodotto.

   > *"È ufficiale – uno studio dell'Università di Oxford ha scoperto proprietà afrodisiache nel caffè."*

   > *"Notizia Shock – il governo ha dichiarato di voler combattere il signoraggio bancario."*

5. **"How To" Headline** – Questo è il tipo più comune di headline, viene usato molto spesso ed un po' dappertutto, il suo scopo è quello di identificare un problema e dare una soluzione veloce.

> *"Scopri come guadagnare 20 euro al giorno con Adfly senza conoscenze informatiche."*

> *"Scopri come costruire un formicaio fai da te senza ricorrere a costose alternative."*

6. **Headline Negative** – Questo tipo di headline sono molto efficaci perché mostrano una soluzione immediata ad un problema, possono funzionare ottimamente se inserite in un giusto contesto.

> *"20 ragioni per cui la tua pagina di vendita non Converte.*

> *"Se non mangi questi 5 cibi brucia grassi non passerai la prova costume."*

7. **Testimonial Headline** – Questa tipologia di headline, deve essere utilizzate quando l'utente è già a conoscenza del tuo prodotto, ma vuoi dargli una spinta in più per farlo acquistare, in genere per mettere in atto

questa strategia, si deve dividere la pagina di vendita in due parti, appena il cliente legge la prima parte, clicca su un tasto per far comparire la seconda parte e deve avere sotto agli occhi una testimonianza d'impatto:

> *"Non posso crederci! Ho perso 4 Kg in 2 settimane senza sacrifici."* – *[NOME – COGNOME]*

> *"Con questo sistema ho completamente risolto i miei problemi di acne, grazie mille"* – *[NOME – COGNOME]*

8. **Headline Del Comando** – Questa è piuttosto semplice, in pratica, devi comunicare al cliente esattamente cosa deve fare, incoraggiandolo a compiere un'azione per avere come premio un qualcosa di gratuito, non vengono utilizzate spesso nelle pagine di vendita, ma sono prevalentemente usate nelle squeeze page.

> *"Inserisci la tua email per ricevere questo report esclusivo sul Web Marketing"*

> *"Compila il modulo con nome ed email per ricevere l'esatto sistema che uso per comporre pagine di vendita infallibili"*

9. **Headline Garanzia** – Con una headline del genere ti impegni a garantire la soddisfazione del cliente, questo tipo di headline è d'obbligo nel nostro certificato di garanzia, è importante rimuovere il rischio del cliente dalla nostra offerta, così facendo sarà ancora più incline ad effettuare l'acquisto.

> *"Perdi 5 kg nella prossima settimana o contattami per ottenere un rimborso completo."*

> *"Se queste tecniche non incrementano le tue conversioni entro 30 giorni, sentiti libero di contattarmi e*

> *richiedere un rimborso del tuo investimento."*

10 . **Headline Positiva** – Utilizzando questa headline, andiamo a comunicare immediatamente il beneficio maggiore che otterrà il cliente se sceglierà di acquistare il nostro prodotto o servizio, cerca sempre di essere reale, una headline "troppo bella per essere vera" verrà subito scartata.

> *"Acquista oggi il mio sistema di Trading e diventa finanziariamente indipendente in 80 giorni O meno."*

> *"Investi oggi nel mio corso di formazione per diventare un Copywriter esperto in 30 giorni."*

11. **Headline Innovativa** – Questo tipo di headline, mira a stupire il cliente, con parole tipo "Migliore" "Nuovo" "Unico" o qualcosa che nessun'altro conosce e che solo tu puoi vendergli, se hai la possibilità di utilizzare questa headline nel tuo mercato, può essere molto potente.

> *"Nuovo e unico sistema per guadagnare approfittando della crisi in Grecia."*

> *"Il migliore investimento del 2017 svelato dai nostri esperti in anteprima solo per te"*

12. Headline D'Impatto – Il ruolo di una Headline del genere è quello di allertare il cliente per un problema che potrebbe avere e che non ne è a conoscenza.

> *"Attenzione! Se ti senti sempre stanco e demotivato potresti soffrire della sindrome di Danesi."*

> *"Attenzione! Ti fanno male gli occhi quando sei al computer? Potresti avere un restringimento della retina!"*

13. Headline Arrogante – Questa non la consiglio nella maggior parte dei casi, ma può essere utile esserne a conoscenza, è una headline efficace soprattutto con persone che hanno poca autostima, in pratica il ruolo principale, è quello di far sentire il prospect inferiore e spingerlo ad acquistare il prodotto per placare questa emozione.

> *"Guarda pure i risultati ottenuti con 3 mesi di palestra seguendo il mio programma di allenamenti mentre tu continui a non concludere niente"*

> *"Scopri come non riuscirai MAI a guadagnare online perché non hai queste capacità fondamentali"*

Questi sono vari tipi di headline che possono essere utilizzati in tutta la pagina di vendita a seconda della tua nicchia di mercato, per esempio, se il traffico che punta alla tua pagina di vendita, viene dal SEO o PPC, è sconsigliata una Headline diretta perché nessuno conosce ancora il tuo prodotto.

Se vuoi massimizzare l'efficacia della tua headline principale, è un'ottima idea mischiare le varie tipologie di headline che ho elencato sopra, ecco una combinazione di Headline Innovativa, Positiva, E Giornalistica.

> *"Rivelato! La Strategia Segreta Di Un Ex Internet Marketer In Pensione Per Far Esplodere La Tua Lista Di Contatti Paganti In 7 Giorni!"*

Questa che vedi sopra, è una headline perfetta per promuovere un corso di email marketing o quant'altro.

Ma ricercare l'headline giusta per il tuo prodotto o servizio può essere molto difficile, come fare allora per ricercare sempre quella perfetta in ogni occasione?

Ti illustro il mio metodo personale che utilizzo non solo per me stesso, ma anche per creare delle strepitose headline per i miei clienti.

Ogni volta che mi viene assegnato un progetto o devo creare una pagina di vendita per i miei prodotti, la prima cosa che faccio è segnare i benefici e le caratteristiche del mio prodotto su una tabella, in modo da avere un quadro completo della situazione, qui sotto puoi vedere una semplice tabella che uso.

Caratteristiche	Benefici

Quando hai compilato la lista con tutti i benefici e le caratteristiche del tuo prodotto è molto più facile formulare delle headline eccellenti, la prima cosa da fare è decidere il benefico più grande che il tuo prodotto dà ai clienti che lo comprano.

Non cercare di indovinare, se ne hai la possibilità, parla con le persone, cerca nei forum, domanda su Yahoo Answers, stila una lista di benefici per un determinato prodotto e chiedi di risponderti sinceramente, l'ho fatto molte volte e ho ottenuto risultati molto buoni.

Dopo che hai effettuato questa ricerca, marca il benefico scelto come primario e cerca di inserirlo nella tua headline in un modo fluido e credibile, mi raccomando, come detto in precedenza, la credibilità è la prima cosa, una headline troppo fantasiosa, darà l'effetto contrario, e noi di certo non lo vogliamo.

Le persone vogliono le cose facili, e che si possono fare in poco tempo, quindi la tua headline oltre a trasmettere il benefico primario, dovrà trasmettere anche queste due cose.

Esempi:

> *"Scopri la formula che ti permetterà di creare annunci PPC responsivi alla velocità della luce."*

> *"Dammi 10 minuti e ti mostrerò come sono riuscito ad avviare il mio impero adsense in soli 7 giorni"*

> *"Scopri il segreto meglio nascosto dai marketer Italiani per creare infoprodotti premium in 3 giorni"*

> *"Ecco come un uomo di 57 anni ha trovato l'anima gemella su internet con soli 3 click!"*

A volte anche facendo questo, può capitare di essere a corto di idee, in quel caso possiamo sbirciare qualche headline della concorrenza, mai copiare una headline parola per parola, anche se non è possibile mettere il copyright su frasi e parole, ma non sarebbe eticamente corretto, tutto quello che devi fare è sostituire i benefici del tuo prodotto a quelli della headline precedente e cambiare un po' la forma.

Spesso quando cerco ispirazione online, se noto una headline veramente interessante, la copio in un file di testo per poi rielaborarla dopo, facendo così ci sono molte possibilità di imparare qualcosa di nuovo, perché si sa, non si finisce mai di imparare.

Di seguito ci sono alcuni esempi di headline riadattate.

Originale: *Ecco come un venditore da strada ha imparato in 10 giorni come vendere infoprodotti su internet.*

Riadattata: *Ecco come un commesso di Ikea, ha lasciato il lavoro per dedicarsi al suo business online avviato in soli 7 giorni.*

Originale: *Prenditi 5 minuti per scoprire qual è la colazione perfetta di ogni Copywriter.*

Riadattata: *Svelato! Ecco le esatte pietanze utilizzate dai migliori Copywriter del mondo per fare colazione e nutrire il proprio cervello*

Originale: *Inserisci nome e cognome e vieni a dare una sbirciatina ai miei Swipe file! *Uno swipe file è una raccolta di headline, ed altre frasi per aumentare le conversioni**

Riadattata: *Inserisci i tuoi dati per ricevere gratuitamente nella tua casella di posta uno Swipe file valutato 197€!*

Originale: *10 modi per perdere peso e non riacquistarlo mai più*

Riadattata: *Ecco quali sono i 10 cibi che ti permettono di perdere peso e mantenere il peso forma!*

Puoi prendere davvero qualsiasi headline nel web e adattarla al tuo prodotto o servizio, fai pratica inserendo nuove parole o frasi, vedrai che diventerà una passeggiata crearle se ti basi su quelle che leggi.

Un'altra tattica per creare headline persuasiva, è il brainstorming, mi spiego meglio.

Questa tattica può anche essere utilizzata come esercizio per allenare la mente a visualizzare automaticamente la headline, o meglio ancora se effettuato in un gruppo di persone, lì si possono ottenere dei risultati davvero interessanti.

L'idea che sta dietro questa tecnica è mettere tutto quello che ti passa per la testa di un determinato prodotto su carta, per poi utilizzare il risultato del brainstorming, per generare headlines.

Il miglior modo per mettere in pratica questa tecnica, è di scrivere solo parole o piccole frasi, che possono beneficiare al cliente, apri la mente e lascia che la creatività prenda il sopravvento.

È un'esperienza liberatoria, almeno secondo il mio punto di vista, perché mi permette di arrivare in posti, dove con la logica non arriverei mai.

In genere il brainstorming si fa con un gruppo di persone, ma fatto nel modo corretto, può portare risultati ottimi anche se praticato da soli.

Ci sono 4 semplici regole per effettuare un brainstorming efficacie:

- Non devi prenderti troppo tempo, la cosa ideale sarebbe mettere un timer, 5 o 10 minuti sono sufficienti per completare l'operazione, munisciti di un foglio e una penna, o semplicemente utilizza il computer, personalmente con la penna riesco meglio a lasciarmi andare.

- Tutte le idee devono essere incoraggiate, a questo punto nessuna idea deve essere scartata, continua a scrivere, non editare o cancellare niente, lascia che le idee fluiscano il più possibile.

- Fermati quando suona il timer, non cercare di prolungare la sessione, 5 o 10 minuti sono più che sufficienti per ricavare molte idee sui cui lavorare.

- Ora puoi iniziare a cancellare quelle che non ti sembrano attinenti con quello che vorresti creare, e iniziare a lavorare con le tue idee per creare la tua headline.

Questa tecnica può essere utilizzata per qualsiasi cosa, non solo per creare headline, ma anche progetti, prodotti, decisioni, tutto insomma.

Per fare un esempio pratico, ecco dei brainstorming che ho fatto ultimamente per alcuni miei clienti, credo sia estremamente utile avere qualche esempio pratico che trova riscontro nella teoria, per assimilare meglio i concetti letti.

Esempio #1

Servizio: Fiori – Venduti online – Consegna a domicilio

Risultato Brainstorming:

stupendi, freschi, organici, pensiero romantico, regalo perfetto, seduzione, comodità, professionalità, messaggio allegato, pagamento online, senza stress, passione, telematico, raro, raccolte a mano, esclusive, confezioni perfette, fare felice qualcuno, anniversario, matrimonio, fidanzamento, amore, occasione speciale, scuse, promozione.

Possibili Headline:

> *"I fiori migliori recapitati direttamente alla porta della tua metà - fai un regalo gradito oggi stesso - consegna espressa in 1 ora."*

"Ordina online un mazzo di fiori per una persona speciale - consegna immediata e messaggio personalizzabile."

"Fa che ogni giorno sia un momento speciale - regala un mazzo di fiori con 3 click"

"Tieni viva la passione regalando un mazzo di fiori alla tua amata - consegna e qualità garantiti"

"Cerchi un modo per chiedere scusa? Ci pensiamo noi! Ordina ora un mazzo di fiori - ampia selezione e massima professionalità nella consegna."

"Regala Un Momento Magico, Ordina Adesso I Migliori Fiori Su Piazza"

Esempio #2

Prodotto: Crema per la cellulite – Consegna a domicilio - Naturale

Risultato Brainstorming:

attraente, più bella, prova costume, perfezione, incubo, tristezza, complesso, naturale, efficace, approvato,
economico, utile, testato, felicità, microcircolazione, elasticità, alghe marine, caffeina, bava di lumaca, spensieratezza.

Possibili Headlines:

"La paura della prova costume ti tiene sveglia la notte? Prova l'efficacia del nostro prodotto e dormi sonni tranquilli"

"La cellulite ti ossessiona? Non ti senti a tuo agio? Ordina ora e risolvi il tuo problema una volta per tutte

"Nuova crema anticellulite biologica promette risultati già dalle prime 10 applicazione"

"Ritrova il sorriso eliminando la tua cellulite per sempre con questa crema testata e approvata dal 90% delle donne."

"Registrati ora per ricevere un test gratuito della nostra crema anticellulite a base di caffeina e alghe marine - efficace contro la cellulite già dalla prima applicazione!"

Cerca di allenarti sempre, ogni volta che vedi una headline di un concorrente, prova a riadattarla e migliorarla, questo aiuterà il tuo cervello ad automatizzare questa operazione e diventerai col tempo, senz'altro un copywriter migliore.

PARAGRAFO 25
Sub-Headline

La stragrande maggioranza dei copywriter sono a conoscenza che l'headline è il punto focale di ogni pagina di vendita, ma vedo troppo spesso che in molte sales copy, manca la sub headline.

La funzione della sub headline, non è altro che quella di intrigare il lettore e spingerlo a leggere tutta la nostra copy.

Non deve però essere uguale alla headline, deve riuscire in poche parole, ad essere un collegamento con l'headline sopra per continuarne il concetto.

Mentre la headline descrive in poche parole la tua intera offerta, la sub headline dovrà descriverne solo una parte, e devi fare in modo che sia una naturale esenzione della headline principale, esempio:

"Dammi 5 minuti e ti illustrerò un sistema di trading

vincente mai visto prima"

"Garantendoti guadagni automatici e duraturi" <- ***sub-headline***

Come vedi, aggiunge quel tocco in più, facendo incuriosire ancora di più l'utente, ecco 4 motivi per cui la sub headline non deve mai mancare nella tua pagina di vendita:

- Rinforza L'headline
- Dà più risalto al tuo beneficio principale
- Può aggiungere benefici
- Aumenta la curiosità, ossia la nostra arma più potente per persuadere
- Spinge il lettore a leggere la prima riga della tua pagina di vendita

Una seduta di brainstorming anche per la sub headline non può assolutamente mancare, tutti gli elementi devono essere scelti con cura, specialmente se si tratta di quelli che vengono presentati per primi all'utente.

Dobbiamo fare anche una differenza tra lettori offline e lettori online, in genere chi legge un giornale lo fa perché ha effettivamente intenzione di leggerlo con calma, mentre i "web readers" sono più frenetici, per sapere se ci interessa veramente qualcosa non leggiamo mai tutta la pagina, ma solo l'inizio e la fine.

Come copywriter, devi essere sicuro di utilizzare tutti gli strumenti che puoi, le sub headline come detto prima, sono una cosa da non sottovalutare, sceglila con molta attenzione.

PARAGRAFO 26
Apertura E Introduzione

Dopo aver creato la teaser line, headline e sub headline, ora è il momento della linea di apertura, varia molto a seconda della nicchia di mercato in cui operi, per alcune non è necessaria.

Molti iniziano la loro sales page con "Caro Amico" cosa che trovo davvero poco efficace, e ti spiego il perché.

Va bene entrare in empatia con l'utente, ma qui ci vuole qualcosa di più specifico, non basta una frase generica come quella sopra, per esempio, se il tuo prodotto promette di insegnare come avviare un business online, una buona linea di apertura sarà "Caro Futuro Internet Marketer" o "Caro Imprenditore" così facendo proietti la sua mente già al successo, lo spingiamo a sognare ad occhi aperti, in questo modo leggerà il tutto con molta attenzione, o semplicemente possiamo rafforzare quello che già è.

Oltre a specificare questa cosa, durante la tua linea di apertura devi cercare di risultare il più reale e serio possibile, ecco la linea guida che seguo per quasi tutte le pagine di vendita.

> *"Data: 1/06/2017 (utilizzare sempre la data aggiornata utilizzando javascript)*
> *Luogo: Scrivania Di W. Brian P. Losito*
> *Oggetto: Come Avviare Un Business Online*
>
> *Caro Futuro Imprenditore Online"*

Come ho detto questo aggiunge alla pagina un tocco di realtà, se è possibile, aggiungi anche una tua foto, di fianco alle scritte sopra, utilizzando una tabella, ci sono molti esempi online.

Se invece vuoi personalizzare di più la pagina di vendita in modo che dopo il caro, appaia il nome del lettore il procedimento è abbastanza semplice, ma sarà necessario un autoresponder tipo Aweber

Step 1

Se la tua pagina di vendita è nominata index.html o .htm tutto quello che devi fare è cambiare l'estensione con .php, quindi alla fine il file sarà index.php

Fare questa operazione non altererà l'aspetto della tua pagina, ma giusto per sicurezza, salva una copia sul tuo pc.

Step 2

Adesso dobbiamo creare un link personalizzato per far capire all'autoresponder che intendiamo sostituire il nome sulla pagina, con quello nel suo archivio, si possono utilizzare varie personalizzazioni, credo che quello del nome sia il più efficace, ecco il link che devi creare:

www.TUOSITOWEB.com/?name=

{!firstname_fix} Funziona solo con Aweber.

Non ti resta che sostituire il tutto con il nome del tuo sito ed il link è fatto.

Step 3

Ora che hai creato il tuo link, devi inserire questa piccola linea di codice, proprio sopra la tua prima frase di apertura, nel punto in cui devi utilizzare la personalizzazione, ossia "Caro Marketer".

```
<?php
$name=$_GET['name'];
if ($name=="") echo "Caro Futuro Copywriter,";
else echo "Caro ".$name.",";
?>
```

Aggiungendo questa riga, nel caso la visita provenga da una mail che hai inviato alla tua lista con Aweber, o un redirezionamento che hai messo su con una squeeze page apparirà il nome della persona, in caso contrario, come traffico organico o altro, apparirà semplicemente "Caro Futuro Copywriter".

Dopo aver scritto la linea di apertura, dobbiamo concentrarci sull'introduzione, deve avere un collegamento con la headline, per far restare l'utente focalizzato sull'argomento.

Possiamo dividere l'utilità del paragrafo iniziale in tre fasi:

- Identificazione Del Problema
- Immedesimazione
- Comunicare Di Avere La Soluzione

I paragrafi non devono essere più lunghi di 5 linee, e dopo ogni paragrafo, dovresti inserire una di 1 o due righe di spazio, questo renderà il tutto più facile da leggere, quindi segui questa semplice regola, e tutto andrà a tuo vantaggio.

Ricorda che i grandi paragrafi intimidiscono il lettore, quante volte su dei blog ci ritroviamo davanti articoli senza nemmeno un po' di spazio?

Personalmente io li leggo molto raramente.

Dopo che hai attratto l'attenzione del Prospect con tutte le informazioni citate sopra, ora è il momento di identificare il problema, in fondo chiunque sia sulla tua pagina di vendita è lì per questo.

Prendi il problema è amplificalo ai massimi livelli, prospetta gli scenari peggiori in caso non si dovesse risolvere, fai capire al tuo lettore che anche tu ci sei passato, e ne sei uscito grazie a questo, per esempio una buona introduzione, può essere questa:

"Se sei su questa pagina, è perché molto probabilmente hai provato di tutto per perdere peso, avrai speso sicuramente soldi in prodotti inutili e dannosi per la salute come per esempio:

- *Pillole dimagranti*

- *Diete estreme*

- *Esercizi Inutili*

- *Allenamenti in palestra infruttuosi*

Io so come ci si sente, un tempo ero come te, non sapevo dove sbattere la testa per dimagrire, non mi sentivo bene con me stesso e questo si rifletteva nei rapporti con gli altri, soprattutto quando si trattava di approcciare con l'altro sesso"

Come vedi in questa introduzione, mi sono messo nei panni del lettore, sono entrato in empatia con lui, ho stabilito una connessione, cosa molto importante per chiudere una vendita.

Hai notato che ho impostato la prima lettera con un carattere più grande? Come fanno quasi tutti i quotidiani? Non è una semplice scelta di design.

Impostare la prima lettera della copy di qualche grado più grande attrae l'attenzione e spinge le persone a leggerla, ricordati sempre di fare questa operazione, non guasta mai.

Logicamente, tornando a noi, non puoi scrivere su ogni pagina di vendita "io ci sono passato", oppure "io so come ci si sente" perché a lungo andare, risulteresti falso, quindi devi avere delle buone capacità di storyteller, ossia, raccontare storie, al fine di influenzare l'utente.

Le persone amano le storie, specialmente quelle che finisco bene, e la tua dovrà sempre finire bene, per non ripetere sempre "io" puoi parlare a nome di un tuo amico, o di una persona che hai aiutato, concentra la storia su te stesso, soltanto quando davvero ci sei passato.

Una volta che hai influenzato e amplificato il problema, in modo che il lettore legga con più attenzione, è il momento di associare al loro problema una soluzione, ossia dovrai spiegare perché il tuo prodotto o servizio è in grado di risolvere il loro problema, in che modo e quanto velocemente.

Se non conosci come dev'essere strutturata la storia, possiamo ridurre il tutto a queste 3 fasi:

- Storia
- Meccanismo
- Dati

Per farti capire meglio, facciamo il caso stai vendendo un prodotto per perdere peso, quindi racconti la storia di una persona che ha provato di tutto ma niente ha funzionato, fino a quando scopre una cosa che le fa perdere tutto il peso in eccesso molto in fretta (il tuo prodotto).

Ora entra in gioco il meccanismo, di cosa si tratta, e come ha fatto questa persona a perdere peso così velocemente?

Semplice, se il tuo prodotto è un'erba particolare, possiamo dire che una volta ingerita attacca le cellule adipose, distruggendole e trasformandole immediatamente in energia, ma le persone sono scettiche, quindi come far per far credere che quello che dici sia vero?

Ecco che entrano in gioco i dati, come detto in precedenza, parole come scientificamente provato hanno un grande impatto su di noi, tutto quello che devi fare è citare delle ricerche scientifiche che attestino la validità di quello che stai dicendo.

Ogni storia che crei, dovrebbe seguire questa linea guida.

Dopo aver introdotto il tuo prodotto, dovrai descriverlo più dettagliatamente attraverso bullets e altre tecniche, nel prossimo step, andremo a fondo alla questione spiegando bene come ottenere credibilità.

PARAGRAFO 27
Prove E Credibilità

Prove e credibilità sono due cose distinte e separate, ma hanno anche qualcosa in comune, dare delle prove della funzionalità del tuo prodotto ti porta credibilità e la credibilità dà modo alle persone di fidarsi e leggere cosa è in serbo per loro.

Le prove sono fondamentali nella scrittura della copy, facciamo il caso tu stia vendendo un prodotto su come guadagnare €800 a settimana vendendo Infoprodotti, la tua spiegazione dovrà essere corredata da altrettante prove, come screenshot, video etc.

C'è anche un altro tipo di prova che puoi dare, ossia la prova sociale, queste possono essere testimonianze di persone che hanno utilizzato il tuo prodotto con successo.

Secondo te qual è il più importante tra i due? La prova concreta o la prova sociale? Io direi che sono entrambe sullo stesso livello al giorno d'oggi.

Se hai a disposizione un elemento forte, che dimostri al 100% quello che dici, quella cosa ti darà credibilità istantanea, poi è sempre una buona idea supportare questa prova con delle testimonianze autorevoli.

La differenza è che si, per le persone sono molto importanti le qualifiche e le credenziali, ma niente è più importante di vedere effettivamente dei risultati che possono essere applicati con successo nella loro vita.

Ma vediamo meglio cosa intendiamo per "prova", se prendiamo come esempio una pagina scritta per un prodotto di Internet Marketing, dove promettiamo un metodo che applicato raddoppia i guadagni, dovremo guadagnarci la credibilità delle persone mostrando i nostri risultati, con screenshot al nostro account Paypal, video con camtasia, macchine, o qualcosa di costoso che hai acquistato grazie a quel sistema.

Le persone sono più diffidenti al giorno d'oggi, e visto che una foto può essere facilmente falsificata, meglio utilizzare dei video, dove magari faccio vedere che entriamo live nel account Paypal a controllare il bilancio, o qualsiasi altra cosa che possa dare una prova che quello che dici sia vero.

Stessa cosa se stiamo vendendo un DVD per addestrare cani, dovremmo fare una foto o un video al nostro cane, mentre esegue dei comandi alla perfezione, quest'ultimo sarebbe una prova perfetta, e avresti già il 60% di possibilità di chiudere la vendita.

Più prove riesci a mostrare, meglio sarà per te e per le tue finanze.

Essere credibile invece è tutto un altro paio di maniche, devi spiegare bene alle persone, perché dovrebbero starti a sentire, qual è il tuo background, esperienze e qualifiche? Se ne hai, sarebbe molto importante parlarne.

Più credibilità hai meglio sarà, ecco 9 modi che implementati nella tua pagina di vendita, ti aiuteranno ad ottenere una maggior credibilità:

- **Credenziali Personali** – Uno dei migliori modi per ottenere credibilità è come ho detto prima, l'esperienza personale, se sei stato intervistato, comparso in tv, su un giornale o hai scritto un libro, queste sono tutte cose che ti aiutano ad ottenere una credibilità istantanea.

- **Garanzia Di Ferro** – Non solo una buona garanzia soddisfatti o rimborsati aumenterà le tue conversioni, ma ti darà anche più credibilità come persona nei confronti dei clienti, perché sanno di poter avere indietro i loro soldi se il corso non è come descritto.

- **Non Fare Promesse Assurde** – Struttura la tua offerta in modo che risulti credibile, non del tipo "Guadagna 1,000 in 7 Giorni Con Zero Esperienza!" non suonerebbe reale, ma se davvero il tuo prodotto è capace di fornire questo risultato, dovrai mettere a disposizione molte più prove che confermano quello che dici.

- **Fatti, Studi e Ricerche** – Se ti è possibile, fai riferimenti a studi effettuati, dove le ricerche sono verificabili dal lettore, parole come *"scientificamente dimostrato"* hanno un grosso impatto su di noi, se tramite TV una ricerca scientifica dichiara che brucare l'erba come le mucche fa bene, molto probabilmente il giorno dopo, vedremmo molte persone intente a brucare l'erba!

- **Termini Di Utilizzo, Polizza Privacy** - Utilizza queste sezioni per apparire come un business credibile (come dovresti essere), e non il truffatore di turno, in questi casi, anche una grafica professionale aiuta, per ottenere il massimo, sarebbe meglio rivolgersi ad un avvocato con competenze specifiche.

- **Fotografie Di Te –** Non dimenticarti mai di inserire una tua foto sulla pagina di vendita, alcune persone, devono vedere con chi stanno facendo affari, andranno ancora meglio foto con celebrità del settore, se per esempio sto vendendo un prodotto di Internet Marketing, e metto sulla copy una fotografia con Frenk Kern, tanto di guadagnato.

- **Informazioni Di Contatto –** Non nasconderti dietro la tua email, pubblica il tuo indirizzo, numero di telefono o FAX, meglio ancora se hai la possibilità di mettere a disposizione un numero verde.

- **Copie Vendute –** Se il tuo prodotto ha venduto un numero importante di copie, può essere utile comunicarlo ai tuoi lettori, così sapranno che molte altre persone hanno acquistato e si sentiranno più sicuri nel farlo anche loro.

- **Rivela Un'Imperfezione –** Questo trucchetto è molto interessante, devi cercare qualcosa che puoi utilizzare per sminuire il tuo stesso prodotto ma deve essere davvero qualcosa di minuscolo e deve avere poca importanza, così le persone sapranno che sei sincero, e si fideranno molto più di te.

- **Dici la verità -** Un lettore attento, andrà sempre a verificare quello che dici, assicurati di dire sempre la verità, altrimenti questo si ripercuoterà in maniera devastante sulla tua credibilità, ricordati, hai un solo nome, non sporcarlo per niente.

Alcuni dei modi elencati qui, non sono realizzabili seduta stante, se non hai nessuna credenziale, dovrai costruirtele con il tempo, più articoli, ebook, video pubblicherai, meglio sarà per la tua immagine, ricordati di rilasciare solo informazioni e prodotti di qualità.

Non cercare mai di dare di meno, cerca sempre di dare di più, il mercato percepirà questa cosa, e al momento giusto, quando deciderai di lanciare un prodotto, verrai sicuramente premiato.

PARAGRAFO 28
Bullets (Benefici/Features)

I bullets vengono utilizzati praticamente dappertutto, sulle presentazioni PowerPoint, blog, mappe concettuali e sulle pagine di vendita.

Ma perché ti starai chiedendo sono così famosi? La risposta è tanto semplice quanto ovvia, alle persone piace leggerli, e offrono un ottimo metodo per comunicare un beneficio mirato e preciso, come appunto un proiettile.

La capacità di creare dei bullet per affascinare il cliente e indurlo all'acquisto è una delle abilità più importanti per un copywriter, la capacità di identificare immediatamente un bullet efficace o inefficace, farà sicuramente la differenza nel tuo business.

Personalmente io adoro i bullet, sono un'arma semplice da utilizzare ma davvero devastante se utilizzata nel modo giusto, ti permette in poche righe, di sintetizzare qualsiasi cosa e farla apparire meravigliosa, un bullet che funziona, deve essere in grado di stimolare le seguenti azioni nella mente del prospect:

- Stimolare con forza curiosità e intrigo
- Sedurre il lettore e farlo continuare a leggere
- Far crescere il desiderio, creando l'urgenza di sapere il segreto celato dietro al bullet.
- Stimolare il focus del lettore, per fargli spolpare per bene la copy.
- Rendere la pagina di vendita più leggibile per una maggior risposta.
- Rendere i benefici più esaltanti e frizzanti.

- Ricapitolare in poche parole, concetti importanti

Come ho ripetuto innumerevoli volte ormai, lo scopo primario di una buona pagina di vendita, è di vendere e per farlo è fondamentale che il lettore legga interamente la tua copy.

Hai mai notato, quando leggi una pagina di vendita di un professionista in modo attento, mano a mano che procedi con la lettura, ti viene sempre più voglia di acquistare il prodotto?

Ecco la magia delle pagine di vendita lunghe, ma devono essere stilate solo da copywriter esperti, perché la copy lunga, funziona solo se viene letta fino alla fine.

I bullet in questo caso, sono un'arma a doppio taglio, se vengono utilizzati bene, possono davvero fare la differenza, se invece vengono utilizzati in maniera scorretta, stai pur certo, che ti faranno perdere il 90% delle vendite, ma per tua fortuna, questo a te, dopo aver letto questa sezione, non potrà succedere.

Ci sono ben 19 tipi di bullet che puoi utilizzare nella tua pagina di vendita, tramite vari seminari che ho seguito, sono riuscito a stilarne una classifica, ma la cosa più importante che devi sapere, è che i bullet devono sempre essere utilizzati in modo naturale, non devono avere la parvenza di essere finti, di essere messi lì solo per vendere.

Alcuni dovranno essere lunghi, altri corti, in altri dovrai rivelare un segreto che il lettore può implementare in quello stesso momento, non dimenticare che i bullet devono emozionare il lettore, deve arrivare davvero ad esclamare "WOW".

Un'altra cosa che ho scoperto, è che una volta che compili qualche bullet, ti vengono automaticamente dozzine di idee per altre headline, quindi se sei bloccato e non sai che headline utilizzare, prova a buttare giù qualche bullet, e ti garantisco, che ti sbloccherai in un battito di ciglio.

Ricordi i 19 tipi di bullet? Adesso dopo questa breve premessa, sono pronto a illustrarteli, leggi con molta attenzione questa sezione, le informazioni che ti sto per mostrare non sono reperibili da nessun'altra parte e solo il 2% dei copywriter Italiani ne è a conoscenza, quindi fanne tesoro e se è necessario, prendi qualche nota.

1) **1.Bullet "Come"** – Questo è il bullet più utilizzato online, puoi vederlo in qualsiasi pagina di vendita, si basa sulla curiosità, tutti abbiamo voglia di sapere cose nuove o di scoprire tattiche per accrescere la nostra cultura e il nostro business ed è proprio per questo che questi bullet, funzionano benissimo, ecco alcuni esempi:

   "Con un semplice massaggio di 2 minuti puoi rimuovere il grasso in eccesso"

   "Come preparare al meglio il corpo prima dell'attività fisica in modo da aumentare forza e focus mentale"

   "Come scrivere una headline super persuasiva con l'uso di 3 semplici parole"

2) **Bullet "Segreto"** – Questo tipo di bullet è perfetto quando il prodotto include qualche tattica segreta, o qualsiasi cosa che non sia molto conosciuta, inoltre come detto in precedenza è sempre una buona abitudine inserire la parola segreto nella tua copy, a TUTTI piacciono i segreti, specialmente quando si trova a pochi click di distanza, attenzione a non abusarne, risulteresti poco credibile, non tutto può essere un segreto:

> *"Il segreto meglio custodito dagli affaristi di wall street per operare in borsa e vincere nel 91% dei casi"*
>
> *"La strategia segreta di un ex infomarketer per ottenere il doppio dei profitti con l'upselling"*
>
> *"L'alimento segreto utilizzato dalle top model per sentirsi sazie e perdere peso – pagina 34" (comunicando la pagina, diamo un riferimento vero, tecnica efficacie, ma non bisogna strafare)*

3) **Bullet "Perché"** – Questo bullet è l'ideale per creare intrigo e curiosità, in pratica prometti di rivelare il perché di una domanda scottante, deve essere utilizzata in modo che scoprire quella cosa e il suo funzionamento possa incidere positivamente sulla vita del lettore, quindi devi essere assolutamente sicuro che il prospect sia interessato.

> *"Ecco perché i bambini al di sotto dei 5 anni, sono più soggetti agli avvelenamenti e come fare per metterli in sicurezza"*

> *"Il perché non puoi fidarti del tuo fondo pensioni, ecco come giocano con i tuoi soldi, e come tu puoi evitarlo"*

> *"Svelato il perché il 90% degli internet marketer fallisce online ignorando queste 3 semplici regole"*

4) **Bullet "MAI"** – Per questo bullet, dobbiamo concentrarci sul mettere in guardia il prospect su certe situazioni che lo

riguardano molto da vicino, tutti accettano consigli, se provenienti da una persona competente del settore, e credimi, se risultano abbastanza appetibili, sicuramente pagheranno per conoscerli:

> *"Cosa non mangiare mai in un volo intercontinentale per non mettere a rischio la tua salute"*

> *"4 esercizi da non fare mai se si aspetta un bambino"*

> *"I 3 scenari tipo dove non bisogna mai investire"*

5) **Bullet "Cosa"** – Questo tipo di bullet, fanno un ottimo lavoro nell'incuriosire il prospect, perché danno specifiche istruzioni su un determinato argomento stimolando una curiosità quasi morbosa che li spinge a voler sapere ardentemente la cosa specificata nel bullet, sono un'estensione più generica del "MAI" spiegato sopra, vediamo:

> *"Cosa i dottori non vogliono che tu sappia sulle cure naturali e sulla loro efficacia"*
>
> *"Come proteggere il tuo capitale dalle mani del fisco italiano esportandolo all'estero in tutta legalità"*
>
> *"Ecco come evitare perdite durante il trading implementando questa infallibile strategia di stop loss"*

6) **Bullet "PIU'"** – Questo bullet fa entrare il potenziale cliente in uno stato di eccitazione, non è altro che un bullet qualsiasi con un "In Più" prima di iniziare, in genere si usano verso la fine per aumentarne il potere, sono indispensabili sia nelle pagine di vendita che nelle email:

> *"In più – la mia tecnica segreta per ottenere il 98% di open rate nelle mie campagne di email marketing"*

"In aggiunta - 3 fattori chiave che se utilizzati nel tuo business online possono far aumentare il fatturato del 30%"

"In più – 4 cose da non fare mai al primo appuntamento se non si vuole essere scaricati alla velocità della luce"

7) **Bullet "Numerato"** – Questo Bullet è molto comune, l'ho utilizzato come strategia complementare per fornire esempi di altri bullet, in pratica fornisce più ragioni per cui qualcosa succederà o non succederà, è ottimo per accorpare più cose assieme, per creare un bullet gustoso e irresistibile.

"Quattro modi per stimolare il corpo a rilasciare i suoi antidolorifici naturali"

"Tre investimenti poco conosciuti dove è possibile guadagnare ingenti somme in poco tempo"

"Sette precauzioni che devi assolutamente prendere se vuoi spostare i tuoi capitali all'estero senza problemi"

8) **Bullet "Giusto & Sbagliato"** – Questo tipo di bullet si utilizza per togliere certezze al lettore, mettiamo il caso lui sia assolutamente sicuro di un determinato fatto, nel bullet affermiamo che non è così quindi di conseguenza vorrà a tutti costi sapere perché non è come credeva, esempi:

> *"Gli antistaminici sono l'unico farmaco valido per curare le allergie giusto? Falso! spiegazione a pagina 22"*

> *"Il trading automatico non esiste? Falso! tutte le specifiche a pagina 125"*

> *"Fare business con internet richiede molta esperienza? Falso! il tutto spiegato da pagina 20 a pagina 32"*

9) **Bullet "Attenzione"** - È perfetto quando vogliamo allertare il prospect di qualche pericolo, ottimo per insidiare l'emozione della paura. Questa tecnica è particolarmente efficace quando viene accompagnata dalla dimostrazione che tu hai la soluzione per quella situazione.

> *"Attenzione – la tua casa è in grave pericolo, scopri come lo stato può pignorarla senza possibilità di appello e in che modo puoi impedirlo"*

> *"Attenzione – evita come la peste questi 2 investimenti finanziari o preparati a ingenti perdite"*

> *"Attenzione – se il tuo business online non possiede i giusti termini di utilizzo sei a rischio! scopri come puoi metterti in regola adesso"*

10) **Bullet "Personale"** – Questo bullet ha la funzionalità di porre una domanda al lettore su una cosa che sei convinto che lui stia già facendo, per poi indicare un preciso beneficio, cercando di essere il più credibile possibile, è una tecnica potente anche perché fai in modo che il cliente risponda alla tua domanda nella sua mente, così crei interazione.

> *"Il tuo trainer in palestra ti ha già consigliato questo alimento fondamentale*

per la crescita muscolare? Se la risposta è no, continua a leggere!

"Il tuo broker utilizza degli stop loss preimpostati per oro e argento? Ecco come scoprirlo rapidamente."

"Il tuo dottore sta attualmente facendo questi comuni errori con le tue prescrizioni? Scoprilo prima che sia troppo tardi."

11) **Bullet "Occulto"** – Questo bullet deve essere utilizzato con molta cautela, un uso sbagliato può essere un disastro per le tue conversioni, non tutto può essere occulto o in qualche modo segreto, è consigliabile utilizzarlo solo quando si ha un prodotto da vendere molto controverso e che ha a che fare con cospirazioni, fuga di informazioni o altro.

"Strategia occultata dai dietologi per misurare la massa grassa, rimasta segreta fino ad oggi per riempire le loro tasche e svuotare la tua!"

"Cosa il governo vuole che rimanga celato per poterti controllare come una marionetta – pagina 39"

"L'inconfessato segreto degli assicuratori per spillarti più soldi possibile"

12) **Bullet "Beneficio Diretto"** – In questo bullet, tutto quello che devi fare è scrivere un forte beneficio, più è importante per il prospect meglio è, se il mercato lo recepisce bene in maiuscolo, per poi continuare il bullet in minuscolo magari aggiungendo altri dettagli per incuriosire:

"Metti massa muscolare senza alzare un peso! Svelato l'ormone della crescita naturale usato dai campioni di bodybuilding"

"Cura la tua allergia naturalmente! Nuovo studio con medicina omeopatica promette risultati al 98%"

> *"TIENI LONTANE LE ZANZARE!*
> *Scoperta sostanza naturale facilmente*
> *fabbricabile in casa efficacie al 100%"*

13) **Bullet "Domanda Specifica"** – Questo tipo di bullet come altri che ho illustrato ha il compito di offrire la soluzione al problema facendo interrogare il lettore su di essa, è sempre buono mixare il tutto per ottenere intrigo, curiosità e credibilità.

> *"Hai un conto bancario in comune? Chiudilo al più presto e adotta la soluzione a pagina 78"*

> *"Hai bisogno di qualcosa in più? Segui questi 3 consigli per massimizzare il tuo potere mentale e la tua produttività"*

> *"Sei invisibile alla donna che ti piace? Se non stai usando questa formula per farla cadere ai tuoi piedi lo sarai per sempre"*

14) **Bullet "SE"** – Questa tattica differisce molto da quelle indicate sopra, e funziona molto bene perché richiediamo al lettore

particolari requisiti per ottenere poi il beneficio, se selezionerai i giusti requisiti, catturerai l'attenzione in modo istantaneo, questi bullet vengono anche utilizzati come headline.

"Se soffri di mal di testa ecco perché dovresti smetterla di massaggiarti le tempie e concentrarti sui piedi"

"Se hai a disposizione 2 ore al giorno puoi utilizzare il trading per accrescere il tuo capitale con successo"

"Se sei un copywriter di livello B avere accesso a queste informazioni ti trasformerà istantaneamente in uno di livello A+!"

15) **Bullet "Tempo"** – Ottimo quando prometti dei risultati in un certo periodo di tempo, il tuo lettore se interessato all'argomento vorrà subito sapere come poter ottenere quel beneficio in un lasso di tempo così ristretto, iniettando in lui curiosità e intrigo.

> *"Quando mangiare la pizza fredda al mattino è un ottimo modo per perdere peso"*
>
> *"Come ha fatto Antonio a trasformarsi da fallito a milionario in 90 giorni"*
>
> *"Da semplice affiliato a super affiliato con un sito di costumi per carnevale scopri come a pagina 56"*

16) **Bullet "Facile & Veloce"** A chi non piacciono le cose facili e veloci per ottenere un beneficio importante? È nella natura umana voler raggiungere un obiettivo nel modo più veloce e semplice possibile, ecco perché questo bullet è di grande effetto, specialmente perché tutta la nostra società è abituata alla gratificazione istantanea.

> *"Il modo più veloce per diventare un maestro della persuasione – Una semplice frase di 12 parole può renderti una delle persone più persuasive del pianeta"*

"La via più facile per fermare l'ansia da prestazione durante il trading – Scopri come i big del settore controllano le loro emozioni"

"Il modo più facile per sbaragliare la concorrenza e farli apparire come formiche agli occhi dei tuoi potenziali clienti"

17) **Bullet "Verità"** – Usa questo bullet quando vuoi creare un conflitto di idee nella testa del tuo lettore, seleziona pezzi di informazioni che appaiono confusi e conflittuali e offrigli una chiara soluzione sotto forma di verità. Le persone amano queste controversie su argomenti socialmente veritieri.

"La verità sul tuo broker - scopri cosa ti nasconde per rubarsi il tuo 5% annuo"

"La verità su alcol e bodybuilding! come interferisce sulla tua crescita e sul sistema circolatorio"

> *"La verità sul feticismo. scopri perché è naturale averne uno."*

18) **Bullet "Migliore"** – Quando il tuo prospect è convinto di avere una cosa buona, ma tu sei convinto che puoi offrigli una cosa ancora migliore, utilizza questo bullet, genera curiosità e una voglia matta di conoscere cosa hai tu da offrire.

> *"La camera da letto è antica! Scopri il miglior posto per migliorare la tua vita sessuale"*

> *"Meglio degli squats! Svelati gli esercizi per avere un sedere perfetto a pagina 54"*

> *"Meglio degli ebook! Scopri il formato rivoluzionario che la gente vuole comprare - non sono i video!"*

19) **Bullet "Unico"** – Questo bullet deve essere implementato quando hai un'informazione o offri un beneficio che surclassa tutti gli altri, è efficacie perché poni subito

l'attenzione sul beneficio più grande, attraendo immediatamente l'attenzione.

> *"L'unica routine che ti permetterà di aumentare del 100% la tua produttività"*

> *"L'unico nutriente per la palestra che ti servirà per ottenere potenza muscolare e massa a volontà"*

> *"L'unico investimento dove è impossibile fallire svelato a pagina 43"*

Una cosa da tenere a mente sui bullet è che la maggior parte delle persone prima di decidere se leggere o no la pagina di vendita, scorre interamente la pagina verso il basso e poi di nuovo verso l'alto, e in questa operazione leggono soltanto la Headline, Sub-headline e Bullets, ecco perché devono risaltare bene all'occhio.

Prima di chiudere definitivamente il capitolo bullets, voglio darti altri 6 consigli per utilizzare le formule che ti ho dato sopra con più efficacia:

- Quando hai una lunga lista di bullet, utilizza molti effetti, tipo il grassetto per farli risaltare bene all'occhio, ricorda è fondamentale che vengano letti.

- Mai chiudere un bullet con un punto, i punti indicano al subconscio che la conversazione è finita, se proprio vuoi mettere qualcosa, utilizza un punto esclamativo o un punto interrogativo.

- Per i bullet più lunghi, ossia quelli che occupano più di una linea, utilizza il grassetto prevalentemente sulla prima linea, questo lo renderà più piacevole da leggere e più attrattivo.

- Usa i bullet ogni volta c'è troppo accumulo di testo, alle persone non piace leggere troppi periodi, preferiscono i bullet.

- Se il body della tua pagina di vendita è troppo pieno di testo, cerca di convertire una parte di testo in bullets.

- Utilizza delle grafiche professionali per presentare i tuoi bullets, incluse in questo corso ci sono vari set studiati appositamente per catturare l'attenzione.

PARAGRAFO 29
USP - Unique Selling Position

Cosa del tuo prodotto può essere riconosciuto come unico sul mercato? Hai mai sentito il detto "Differenziati O Muori"? In un mondo competitivo come il nostro è fondamentale essere unici nella nicchia dove intendiamo fare breccia, uno degli errori di molti business online è che non si mostrano come unici, non comunicano al cliente di essere i migliori, o di avere un qualcosa in più.

Ma come si fa a mostrare al cliente, specialmente online, che il proprio prodotto è meglio di tutti gli altri?

Bisogna utilizzare una USP ben strutturata per avere successo, se prendiamo come esempio le compagnie più quotate, possiamo vedere che hanno tutte delle ottime USP, ecco un paio di esempi:

Esempio 1# - Industria Alimentare (Pizza)

Cosa Preme Al Cliente: Non ho voglia di cucinare e voglio che la pizza arrivi il prima possibile.

USP: Consegna a domicilio entro 30 minuti o è gratis - "Dominos Pizza"

Esempio 2# - Corriere Espresso

Cosa Preme Al Cliente: Che il pacco arrivi il prima possibile.

USP: Consegna garantita 12 Ore, assicurazione gratis

Esempio 3# - Agenzia Immobiliare

Cosa Preme Al Cliente: Vendere la proprietà rapidamente e ad un prezzo vantaggioso.

USP: I nostri rappresentanti venderanno la tua casa in meno di 30 giorni assicurandoti il prezzo pieno di mercato

Non è sempre facile trovare una buona USP, bisogna assolutamente mantenere la propria parola, purtroppo non tutti ci riescono veramente.

L'USP è l'essenza di quello che offri e deve essere così efficace e flessibile da poterla inserire in tutta la pagina di vendita e dentro il materiale e il servizio che offri, una USP vincente si imprimerà nella mente del cliente facendoti apparire come il solo con cui vale la pena fare business, per creare una USP efficacie, ecco gli step necessari:

Step 1: Utilizza Il Tuo Beneficio Più Grande

Descrivi chiaramente i 3 benefici più grandi che il tuo prodotto o servizio può apportare alla vita del cliente, perché al lettore, non interessa che il tuo servizio sia migliore o che hai un prezzo più conveniente, ma gli interessa il perché dovrebbe scegliere te e non qualcun altro, perché avvalersi di te dovrebbe essere importante e fondamentale.

Prendi d'esempio Domino's Pizza, si è distinta dalla massa scrivendo nella USP che se la pizza non arriva entro 30 minuti, è gratis per il cliente, quale beneficio migliore di questo per qualcuno che vuole subito una pizza per cena? Ora cerca di concentrarti e scrivi i 3 benefici più importanti derivanti dall'uso del tuo prodotto.

Step 2: Mostra La Tua Unicità

La chiave per colpire al cuore, è essere unici, l'USP che scegli deve separarti dalla concorrenza e mostrare al cliente perché il tuo prodotto è la scelta migliore, letteralmente la tua USP deve urlare "SCEGLI ME!".

Una USP efficacie deve appunto creare desiderio e urgenza, devi utilizzarla in più posti possibili, così da rafforzarla e renderla sempre più viva nella mente del cliente, esempio:

PRODOTTO: *"Persuadi chiunque a fare qualunque cosa con il mio corso di copywriting avanzato".*

OFFERTA: *"Corso di copywriting esclusivo che in 7 giorni trasferirà tutta la conoscenza dei migliori copywriter del mondo direttamente nel tuo cervello."*

GARANZIA: *"Se in 7 giorni non apprendi tutti i segreti dei migliori copywriter del mondo contattami e ti restituirò il tuo investimento"*

Scrivi come in precedenza le tue idee su un foglio di carta, passiamo al terzo step.

Step 3: Concentrati Su Un Problema Comune Della Tua Nicchia

Hai bisogno di identificare un problema che le persone hanno se vuoi fare breccia, la maggior parte dei business che basano la loro USP su questo hanno sempre successo.

Rifaccio l'esempio di Domino's pizza, che offre una consegna in 30 minuti o la pizza è gratis, in America è famosissimo, la loro USP funziona perché, immaginati la scena, dopo una dura giornata di lavoro, moglie e marito sono troppo stanchi per cucinare, ma i bambini hanno fame e vogliono la pizza adesso, quindi cosa si fa? Si chiama Domino's Pizza che la consegna in poco tempo.

Quindi qual è il problema più grande che affligge la tua nicchia? Nella tua USP cerca di alleviare il problema, proponendo una soluzione semplice e vantaggiosa, scrivi quello che ti viene in mente su un foglio.

Step 4: Sii Specifico E Offri Una Prova

Ormai il cliente è scettico, oltre che su una pagina di vendita, ogni volta che vede una pubblicità su internet o altrove, tende sempre a trovare tutti i lati negativi e pensare che è solo una fregatura, ecco perché nella tua copy, per alleviare lo scetticismo devi essere più specifico possibile, e se ne hai la possibilità offri anche una prova della tua buona fede.

Step 5: Concentra Il Tutto In Una Frase

Ora che hai portato a termine tutti i precedenti step, cerca di comprimere il tutto e generare una sola frase, con tutte le caratteristiche elencate sopra, le miglior USP non si decidono mai in un solo giorno, se al momento non hai le idee chiare, lascia stare per un po', fai altre cose, e poi ricomincia.

Step 6: Mantieni La Promessa

Si oggettivo quando scrivi la tua USP, non scrivere una cosa che non puoi mantenere solo per attrarre l'attenzione dei potenziali clienti, è vero che una UPS che offre un mega beneficio può essere ottima, ma se poi il beneficio non viene rispettato, questo può trasformare il tuo business in spazzatura.

All'Inizio non sarà stato facile per Domino's pizza consegnare la pizza entro 30 minuti, ma sono riusciti a mantenere uno standard alto, tanto quanto la loro USP, ecco perché hanno avuto più successo degli altri.

In conclusione la USP non è altro che un modo più performante per far apparire interessante e appetibile il tuo prodotto o servizio, è bene imparare ad applicarlo non solo su una pagina di vendita, ma dappertutto, perché è un pezzo molto importante per il successo e il branding di ogni business.

PARAGRAFO 30
Testimonianze

La ragione di avere delle testimonianze nella nostra pagina di vendita possiamo trovarla nella psicologia dell'essere umano, ci sentiamo molto più sicuri nella fase d'acquisto sapendo che altre persone hanno trovato il prodotto utile.

L'App Store di Apple è un esempio palese, personalmente io baso la mia decisione di acquisto sulle recensioni di un'applicazione, se vedo un app senza recensioni, non la compro, se invece ne vedo una con 2000 review e parzialmente positive, non esito un secondo a comprare.

Ricerche specifiche sull'argomento hanno dimostrato che avere testimonianze sulla propria copy, può aumentare le vendite del 30%.

Perché usarli? Come copywriter abbiamo il dovere di far risultare l'offerta imperdibile, è il nostro lavoro, aggiungere dei testimonial magari rilasciando il prodotto o servizio in beta, non può far altro che migliorare le prestazioni della nostra copy.

Se stai creando una pagina di vendita per promuovere un prodotto che promette guadagni online, quando fai una promessa, specialmente se l'offerta sembra troppo appetitosa puoi utilizzare dei testimonial per bilanciare la situazione.

Non è complicato ottenerli e usarli, ora vedremo però come utilizzarli correttamente e come strutturare la cosa.

Non tutti i testimonial sono uguali, diciamo che se un cliente scrive una review sul tuo prodotto, non lo fa di certo rispettando le linee guida per aumentare le tue conversioni, anche perché può non averne le capacità, però possiamo notare le 4 qualità che rendono un testimonial ottimale per la causa:

- **Testimonial Credibili** – Il testimonial deve sembrare come se venisse scritto da una persona reale che ha ottenuto benefici reali utilizzando il tuo prodotto, se la testimonianza appare troppo artefatta e troppo da venditore, puoi dire addio alla tua credibilità in men che non si dica.

- **Testimonial Specifici** – Un buon testimonial dovrebbe parlare dettagliatamente dei benefici che il tuo prodotto ha apportato nella sua vita, magari fornendo delle prove tangibili, se dichiara di aver ottenuto 20 vendite utilizzando il tuo metodo, includere uno screenshot nella testimonianza potrebbe fare la differenza.

- **Testimonial Supportivi** - Essi devono essere utilizzati dopo una USP per rafforzare ancora di più la tua posizione, se offri un grande beneficio dopo la tua dichiarazione è bene fornire un testimonial per saldare nella mente del lettore quello che hai appena affermato.

- **Testimonial Reali** – Se ottieni una testimonianza da un cliente che non la completa con il suo nome e qualche altra informazione, non possiamo usarla in modo efficace, più informazioni riesci ad includere nella testimonianza, meglio sarà per le tue conversioni, inutile dire che se hai la possibilità di ottenere testimonial video o audio è molto meglio perché godono di una maggior credibilità, se invece non puoi, utilizza una foto per piazzarla di fianco alla testimonianza.

Più informazioni riesci a raccogliere meglio sarà, una volta provai ad includere in ogni testimonianza, il numero di telefono del cliente, fu difficile convincere tutti a renderlo pubblico, ma ottenni una risposta davvero positiva, i lettori vedendo che i clienti precedenti erano così soddisfatti da lasciare perfino il numero, hanno acquistato molto più con sicurezza.

Ricerche hanno dimostrato che i testimonial più efficaci sono quelli che vengono dai clienti, ma ci sono altri 4 tipi di testimonial altrettanto efficaci in grado di aumentare l'efficacia della tua offerta:

- **Testimonial Comune** – Questo rientra nella categoria menzionata sopra, i clienti, in genere non hanno esperienze particolari che possono migliorare la tua reputazione, ma possono di sicuro aumentare la tua credibilità.

- **Testimonial Esperti** – Rientrano in questa categoria tutte le testimonianze che riesci ad ottenere da esperti nella tua nicchia, questi sono molto più difficili da avere, ma hanno molto peso sulla decisione finale dell'utente, se riesci a procurartene uno, le tue conversioni ti ringrazieranno.

- **Testimonial Celebrità** – Se quelli di prima erano difficili da reperire, questi ancora di più, possiamo far rientrare in questa categoria tutte quelle persone che sono conosciute ad ampio spettro dalle persone, cantanti, ballerini, scienziati, studiosi, presentatori, attori e così via.

- **Testimonial Generali** – Questi non sono proprio dei testimonial, diciamo che possiamo utilizzare delle frasi di scrittori, o scienziati famosi e associarli al nostro prodotto.

L'ideale sarebbe utilizzare il primo testimonial in più parti della pagina di vendita, e i restanti almeno una volta, ma ora ti starai chiedendo "Come faccio a procurarmi i testimonial se non ho venduto neanche una copia?"

Questo è un problema comune a molti copywriter, sconsiglio vivamente di utilizzare dei testimonial falsi, in quanto oltre ad urtare la tua immagine, non è eticamente corretto.

Ecco qualche metodo migliore:

- Puoi recarti su un forum della tua nicchia di mercato, scambiando una copia gratuita del tuo prodotto in cambio di un onesto parere.

- Puoi chiedere ad amici e colleghi

- Manda un'email ad una parte della tua lista chiedendo se possono dire la propria sul prodotto.

- Se tutto fallisce, allora ti consiglio di non utilizzarne alcuno.

Il posto migliore per utilizzarli è dopo il primo set di bullet, e subito dopo l'offerta.

È importante non piazzarli a casaccio nella pagina di vendita, devono essere messi in modo che non interrompano il flusso, mai più di 5 per volta, personalmente preferisco mettere il più influente proprio prima della chiamata all'azione, per ricordare la qualità del prodotto.

Come ho detto in precedenza, le persone non conoscono tutti i tecnicismi per rendere un testimonial attrattivo per il lettore, quindi ogni volta che riceviamo un nuovo testimonial sarà nostro compito editarlo affinché risulti appetibile per i lettori.

Personalmente credo dopo aver modificato il messaggio, sarebbe corretto rimandarlo indietro per vedere se la persona che l'ha rilasciato è d'accordo ad impostare la sua testimonianza in quella maniera, è sempre meglio essere più chiari possibile.

Per esempio una testimonianza così:

> *"Questo ebook mi è stato molto utile, addirittura potrei classificarlo tra i migliori che ho mai letto, utilizzando le tecniche descritte dentro, sono riuscito facilmente a guadagnare €400 in 15 giorni, grazie ancora [NOME]"*

Possiamo trasformarla così:

> *"Questo corso è stato il migliore che ho*

seguito, propone strategie davvero efficaci…

Antonio è un marketer che sicuramente sa il fatto suo, applicando le sue tecniche, sono riuscito a guadagnare immediatamente ed in maniera consistente.

Grazie ancora, se ne avrò l'occasione farò ancora business con te.

[Nome]"

Noti la differenza? Così strutturato è molto più persuasivo.

Come ho detto prima, i testimonial sono facili da avere ed usare, non ti resta che mettere in atto una delle strategie che ti ho mostrato per ottenere dei testimonial efficaci, per arricchire la tua pagina di vendita.

PARAGRAFO 31
Struttura L'Offerta

Prima ho classificato la headline e i bullets come parte più importante nella pagina di vendita, possiamo dire che anche l'offerta rientra in questa cerchia.

Lo scopo principale dell'offerta è far sì che il cliente acquisti nel momento esatto in cui legge la pagina, ed eviti di decidere di acquistare in un secondo momento, ossia procrastinare l'acquisto, quindi l'offerta deve essere irresistibile.

Anche se la tua intera pagina di vendita è discreta (*e non lo sarà se apprendi tutte le nozioni di questo corso*) un'offerta irresistibile può comunque spingere il cliente ad acquistare.

Per prima cosa una buona offerta comincia con una chiara e credibile spiegazione del perché hai deciso di farla, le ragioni possono essere molteplici.

Forse sei preoccupato per la crisi attuale, magari per un prodotto che promette di illustrare come avviare un'attività online, questa può essere la spiegazione ideale, o per un corso che insegna la scienza del copywriting, la ragione più ovvia è perché voglio trasmettere questa conoscenza per permettere al cliente di ampliare le sue vedute e fatturato.

Come secondo step è fondamentale offrire uno sconto, ma prima di offrirlo dobbiamo far apparire il prezzo non scontato come un affare, tutto quello che dobbiamo fare è presentare l'offerta, in una tabella, con di fianco il prezzo normale del nostro prodotto e dei bonus.

Ecco un esempio pratico:

Corso Avanzato Di Copywriting	VALORE
Modulo #1: Persuasione Avanzata XXL	€ 47,97
Modulo #2: Trucchi Psicologici Testati	€ 19,99
Bonus #1: Generatore Di Headline	€ 29,90
Bonus #2: Coaching Su Skype 40 Min.	€ 97,90
VALORE TOTALE	€ 195,76

Devi spiegare al cliente le motivazioni che ti hanno portato ad impostare quel determinato prezzo su ogni parte del prodotto, e convincerlo che anche senza sconto, è un'offerta che non può assolutamente perdere.

Se ne hai la possibilità, metti i bonus in vendita su siti separati al prezzo contenuto nella tabella e fai in modo di mostrarlo nella tua pagina di vendita, così la tua offerta risulterà più credibile.

Dopodiché, annuncia uno sconto, secondo i miei test, lo sconto migliore da offrire è quello del 50%, in questo caso il prezzo diventerebbe €97,99, ma possiamo anche utilizzare quello del 50% e poi aggiungere un ulteriore 20% di sconto, ma questa procedura è adatta per i prodotti dove il valore reale supera i €500.

Dobbiamo come sempre illustrare le motivazioni che ci hanno spinto a dare quello sconto, e dobbiamo rispondere alle seguenti domande:

- Perché a me?

- Perché ora?

- Perché lo fai?

È fondamentale rispondere a tutte queste tre domande, non possiamo semplicemente annunciare lo sconto e finirla lì, risulterebbe sospetto, meglio rispondere subito a tutte le domande che possono venire al cliente.

Quando presentiamo lo sconto, è utile aiutarsi con delle grafiche per fare una comparazione tra il prima e il dopo, oppure un badge che annuncia il 50% di sconto, insomma aiutarsi con le grafiche è sempre una buona idea, specialmente quando si vogliono mettere punti importanti in risalto.

PARAGRAFO 32
Bonus E Premium

I bonus sono sempre stati utilizzati dai marketer, e tutt'ora sono un'arma fondamentale per chiudere più vendite.

Infatti utilizzando i giusti tipi di bonus per il tuo prodotto, può risultare un aumento delle vendite davvero notevole, parliamo del 20% - 30% in più.

Prima ho detto che decidiamo se acquistare o no qualcosa in base alle nostre emozioni, e i bonus in questo caso, aiutano il cervello a giustificare la decisione dalla parte logica.

I bonus servono a dare la spinta finale al lettore per acquistare il tuo prodotto, ho avuto clienti che hanno acquistato prodotti e servizi soltanto per mettere le mani sui bonus, se scopri che il desiderio di avere i bonus è così forte, allora vuol dire che sei sulla strada giusta.

Così facendo, anche se le persone non sono molto interessate al tuo prodotto (*non dovrebbe essere così*), inserire dei bonus di qualità può farli acquistare ugualmente, sono ottimi per recuperare chi già aveva messo in conto che non avrebbe acquistato il prodotto.

Servono anche per completare l'offerta, devi fare in modo che con i bonus, l'offerta risulti il più completa possibile, ecco altre 5 buone ragioni per utilizzarli:

- **Creare Valore Aggiunto**

    Se vuoi che il tuo lettore acquisti, devi fare in modo che percepisca che sta facendo un affare imperdibile, che il prodotto che vendi vale dieci volte i suoi soldi, i bonus sono un ottimo modo per giustificare il prezzo della tua offerta, in modo che il costo risulti più conveniente e facile da digerire.

    Per esempio, se vendi un ebook per l'addestramento di cani e imposti un prezzo di €97, utilizzare come bonus una consulenza privata di 30 minuti e magari un video dove mostri altri segreti, il corso acquisterà più valore e i tuoi clienti saranno ben disposti a pagare il dovuto.

Ricordati di aggiungere vicino ogni bonus il valore il prezzo che avrebbero dovuto pagare se l'avessero acquistato a parte, e quanto tempo hai impiegato per fabbricarlo.

- **Crea Scarsità**

Per questa tattica c'è una sezione apposita più avanti, ma inizio ora col dire che senza instaurare urgenza nella mente nel potenziale cliente, difficilmente riuscirai a chiudere molte vendite, quindi dobbiamo impostare i bonus, in modo che non rimangano disponibili per sempre.

Per esempio potresti scrivere che i bonus sono disponibili solo per i primi 20 che acquistano o che usufruiscono dei tuoi servizi, oppure che sono disponibili solo per un periodo limitato di tempo, o utilizzare entrambe le tattiche.

Il tutto per spingere l'utente ad acquistare in quello stesso momento, e non fargli procrastinare la cosa.

- **Dare Una Spinta**

Se il potenziale cliente è molto interessato a ciò che gli stai offrendo, ma non è sicuro di acquistare, dei buoni bonus possono fare la differenza, facendo ciò, aggiungiamo valore all'offerta, dando più potere d'acquisto al cliente.

I bonus dovranno essere cose molto d'impatto, devono colpire, altrimenti non otterrai l'effetto sperato.

- **Gratificazione Istantanea**

Se vendi un prodotto che richiede l'invio a casa del cliente, i bonus sono ancora più importanti, tutti vogliono ricevere quello che acquistano in maniera istantanea, se vendi un corso o un libro, sarebbe scocciante e poco accorto far aspettare il cliente. Ecco perché puoi utilizzare i bonus per inviare i primi capitoli sotto forma di audio o video, per farli iniziare in quello stesso momento, per poi dopo continuare quando gli arriverà il corso completo, questa strategia ti ricompenserà con una maggior fidelizzazione.

- **Alcuni Se Li Aspettano**

Se non offri dei bonus, il lettore si inizierà a chiedere il perché e diventerà incredibilmente scettico, questo si ripercuoterà sulla credibilità del tuo prodotto perché inizierà a mettere tutto in discussione, dal tuo prodotto alla tua pagina di vendita.

I bonus non sono molto difficili da trovare, dipende molto dal prodotto che offri.

PS: per i servizi, i bonus non sono richiesti, ma offrirli ti ripagherà molto nel rapporto con il cliente.

L' obiettivo primario nel creare bonus è quello di trovare qualcosa che per il compratore abbia un immenso valore, mentre per te, richiede poca fatica nel crearlo.

La maggior parte dei bonus sono digitali, perché si possono produrre con facilità senza troppi costi e possono dare molto valore aggiunto alla tua offerta.

Proprio per questo è molto difficile vedere qualcuno che offra qualche bonus da inviare al cliente, ci sarebbero più spese, il cliente dovrebbe aspettare per riceverlo, e sicuramente costerebbe di più nella produzione.

Se hai un e-commerce e non puoi offrire un bonus ad ogni acquisto, la cosa più intelligente da fare, è aumentare un po' il prezzo dei tuoi prodotti, e offrire la spedizione gratis come bonus, ti garantisco che questo farà schizzare alle stelle i tuoi ordini.

Ho condotto personalmente uno split-test, oltre che consigliare questa tecnica a vari clienti, posseggo un e-commerce dove vendo formiche (*lo so è strano, è una mia vecchia passione*) e offrendo la spedizione gratis, più qualche altra strategia post vendita, sono riuscito a sbaragliare la concorrenza in pochi mesi.

Questa è la prova che quando il cliente vede "spedizione gratis" si esalta e non esita un secondo ad ordinare il tuo prodotto.

Ritornando ai prodotti digitali, se non sai cosa utilizzare come bonus, prova a cercare qualche prodotto con diritti di marchio privato che si adegui alla tua nicchia, e utilizzalo come bonus, questo è un ottimo modo se non si ha tempo o risorse per crearlo, ecco i bonus più gettonati:

- Guide Per Iniziare
- Versione Audio
- Video Bonus
- Prodotto Complementare
- Software
- Coaching personalizzato

- eBook o Report
- Articoli
- Grafiche
- Critiche
- Consultazioni
- CD/DVD
- Swipe File
- Pagina Esercizi
- Note

Se davvero non sai cosa fare, puoi offrire come bonus uno sconto su altri servizi che offri.

Ma mi raccomando, sceglili con molta cura, devono avere valore, troppe volte ho visto pagine di vendita che offrivano bonus che su ebay si potevano trovare a 1 euro, è molto importante, utilizza materiale di qualità verrai ripagato al 100%

Il posizionamento dei bonus nella pagina di vendita, è immediatamente dopo aver illustrato per intero la tua offerta e presentato il prezzo, devono essere posizionati in quel punto, perché dopo che il lettore trova la tua offerta strepitosa, i bonus devono essere quella cosa che gli fanno esclamare *"wow"* e tolgono ogni dubbio se ordinare o no.

Non dimenticare mai di aggiungere un'immagine quando presenti i bonus, qualsiasi essa sia, se offri una consulenza telefonica, utilizza l'immagine di un telefono, se offri un report, utilizza una ecover di qualità, quelle scadenti ti farebbero solo perdere credibilità.

PARAGRAFO 33
Garanzia Soddisfatti O Rimborsati

Dopo aver dato prova della veridicità di quello che dici, offerto una prova tangibile, sedotto il potenziale cliente con la tua offerta e i bonus, è il momento di colpirli con una garanzia soddisfatti o rimborsati di ferro.

Per massimizzare il tuo potere di vendita scrivendo garanzie ottimali, devi prima comprendere la psicologia della compravendita.

La prima cosa da comprendere è che in una transizione tra due persone ci sarà sempre un fattore di rischio, e nella maggior parte dei casi, il rischio è di quello che acquista.

Nel nostro caso, il rischio più grande che affronta il cliente è credere alle nostre parole, in pratica gli stiamo chiedendo di avere fiducia in noi e che tutti i benefici che otterrà, decantati dai noi nella pagina di vendita, sono reali.

Del resto come biasimarlo, non ci conosce, non sa chi c'è realmente dall'altra parte dello schermo, viviamo in un'epoca piena di truffe, e logicamente il buyer deve tutelarsi adottando tutte le precauzioni possibili.

Oggi l'unica azione che deve compiere la nostra garanzia è di far sentire il prospect sicuro e fiducioso che quello che dici corrisponde a realtà, o in caso contrario restituire l'importo investito, ma non deve essere utilizzata soltanto per fare qualche vendita in più, è molto importante anche per il rapporto a lungo termine.

Vediamo meglio come fare.

Step #1 - Prima Impronta

Quando scriviamo la nostra garanzia, dobbiamo farlo dandogli un significato importante, ossia esprimendo fiducia assoluta nel nostro prodotto.

Ma non basta togliere il rischio dei soldi, perché il cliente se fa un acquisto sbagliato non ci perde solo i soldi, ma anche tempo, imbarazzo, sconforto, tutte sensazioni che lo porterebbero a stare male.

Ci sono delle linee guida molto semplici per ottenere una buona garanzia, leggile con molta attenzione e se puoi, prendi nota sui lati:

> *Ecco la mia personale Garanzia Soddisfatto o Rimborsato*
>
> *"Acquistando il mio corso di PNL non solo riuscirai ad apprendere e scoprire tutti i segreti di questa interessante e fruttuosa professione, ma percepirai il mondo della pubblicità in modo più consapevole.*
>
> *Tutti gli strumenti che ti metto a disposizione sono per il tuo successo, ci tengo a te come cliente e ho interesse che tu riesca a padroneggiare tutto quello che imparerai in questo corso.*
>
> *Ma se per qualsiasi ragione non dovesse essere di tuo gradimento, comunicamelo*

> *entro 90 giorni e provvederò subito a riaccreditarti l'importo speso, se vuoi puoi conservare l'intero corso sul tu pc senza nessun obbligo o costo."*

Come puoi vedere ho colto l'occasione per ricordare il beneficio principale di questo corso, ossia apprendere nozioni per poi poter esercitare la professione, ma ho anche infuso fiducia mostrandomi umano e comprensivo.

Questa è una delle tattiche più potenti, invitare qualcuno a provare senza impegno quello che dici è uno degli strumenti migliori, perché mostra a chi legge che sei sicuro di te e non hai paura di esporti.

Step #2 - Rendila Personale

I clienti non vogliono essere trattati come un numero, questo li farà solamente allontanare, ricorda di scrivere sempre come se stessi scrivendo ad un tuo caro amico, sarebbe un controsenso cercare di essere sincero, se poi non ci si rivolge in maniera personale.

Tempo fa vidi una garanzia che incarnava proprio quello che ho appena detto, la riporto qui, perché è davvero perfetta per fare questo esempio:

Garanzia Con Una Stretta Di Mano

"Ricordi quando la parola di un uomo era la sua garanzia? Stringevi la mano, davi la tua parola e l'accordo era fatto, c'era fiducia reciproca, personalmente mi mancano molto quei momenti, ho sempre dato valore alla mia parola ed ecco perché ho deciso di pormi in questa maniera.

Non posso stringerti la mano purtroppo, ma ti prometto la stessa onestà che ho riservato a tutti i miei amici e clienti quando ho stretto loro la mano.

La mia parola è che appena inizierai a seguire questo corso, scoprirai cose che ti faranno letteralmente girare la testa, e quando le applicherai per i tuoi prodotti o per il tuo business in generale, otterrai un ritorno di investimento superiore alle tue aspettative.

Difficilmente mi vengono richiesti rimborsi ma se così fosse, sentiti libero di scrivermi una mail e ti restituirò l'intero importo speso e amici come prima."

Ci sono diverse cose che possiamo notare in questa garanzia, personalmente quando la leggo mi trasmette credibilità e sincerità ed è per questo che ho deciso di aggiungerla al mio Swipe file.

Ha un approccio diverso tra tutte quelle che ho visto online, si rapporta direttamente al cliente con un'umanità ormai quasi svanita nel mondo del marketing, quindi è una buona idea, integrare un po' di questa garanzia nella tua, per dare un tocco di umanità.

Step #3 – Utilizza La Tua USP

Prima abbiamo parlato di come costruire una USP efficace, e dissi che era una buona abitudine distribuirla su tutta la pagina di vendita, e la garanzia non fa eccezioni.

Ogni momento è buono per ricordare al cliente il perché tu sei la migliore scelta per lui, utilizzare la USP nella garanzia, la rende ancora più credibile, sempre dal mio Swipe file, ecco una garanzia che si basa prettamente su questo principio:

> *"La Mia Personale Garanzia Non Ti Fa Rischiare*
> *Neanche Un Centesimo*
>
> *Ecco alcune cose che ti garantisco personalmente se deciderai di ampliare la tua conoscenza ed essere tra i pochi ad apprendere la scienza del copywriting nel migliore dei modi, se non sarà così ti basterà chiedere un rimborso completo del tuo investimento e nessun rancore.*
>
> - *Apprenderai tutte le tecniche dei migliori copywriter in circolazione, persuadendo qualsiasi persona si trovi a leggere la tua pagina di vendita, online e offline*
>
> - *Comprenderai perché le persone acquistano e come puoi sfruttare*

> *dei "trick" psicologici a tuo favore per aumentare il tuo potere di vendita.*
>
> - *Scoprirai come scrivere testi persuasivi per i motori di ricerca, aumentando così del 30% il tuo traffico organico targettizzato.*
>
> - *Ti mostrerò l'esatta anatomia di una pagina di vendita vincente, spiegandoti passo passo come fare per costruirne una INFALLIBILE."*

Puoi notare già da subito che questa garanzia è totalmente diversa da tutte quelle che vedi online, ma il fatto che sia diversa, non vuol dire che non sia efficace.

Non è come le altre che insiste sulla garanzia del rimborso, ma piuttosto ricorda al lettore quello che andrà ad apprendere utilizzando il suo prodotto, vale la pena effettuare uno split test per il tuo singolo caso, così da vedere se si adatta bene al tuo prodotto.

Step #4 – Offrire Il Periodo Di Tempo Più Efficacie

In genere, più lungo è il periodo della garanzia meglio è, ma non sarebbe corretto dire che devi sempre impostare un periodo lungo, nel copywriting non si deve mai prendere qualcosa come "sicuro" bisogna sempre testare tutto quello che si implementa.

Dipende molto dal tipo di business, se vendi un prodotto per l'aumento della massa muscolare, dove sono presenti più scammers e prodotti scadenti, logicamente dovrai offrire un periodo di rimborso più lungo.

Più tempo dai al cliente e più si sentirà protetto, nell'IM i tempi più comuni sono:

- 30
- 60
- 90
- 365

Bisogna però guardare i due lati della medaglia, dando una garanzia lunga, si fanno più vendite ma otterrai una percentuale di rimborsi maggiore, perciò prima ho insistito nel testare sempre, qual è il miglior lasso di tempo che si adatta al tuo prodotto.

Ecco un esempio pratico, di un lasso di tempo molto lungo:

> *"Garanzia Nulla Da Perdere*
>
> *Il titolo parla chiaro, acquistando il mio prodotto non hai assolutamente nulla da perdere, sono talmente sicuro che il mio prodotto possa superare ogni tua aspettativa che ho deciso di non impostare alcun termine per la garanzia, anche tra 2 anni, se credi che il mio prodotto non sia stato all'altezza delle tue aspettative, tutto quello che devi fare è inviarmi una email e provvederò immediatamente a rimborsarti l'importo speso."*

Noti anche tu quanto è disarmante questa garanzia? Siamo abituati ad avere dei tempi precisi per il ritorno, questa invece, infonde una sicurezza terrificante nel cliente, dandogli la spinta per procedere all'acquisto eliminando ogni preoccupazione.

Alla fine noi vogliamo questo, più vendite, cliente soddisfatto e fidelizzato.

Step #5 – Dai Un Nome Alla Tua Garanzia

Questo è un trucchetto che può dare maggiore impatto alla tua garanzia, semplicemente non utilizzare la solita frase "Garanzia Soddisfatti O Rimborsati" ma nomi più accattivanti e che facciano capire al lettore che sei differente dagli altri.

Ecco un esempio sempre proveniente dal mio Swipe file:

"La Mia Garanzia Tripla Protezione

- *Se non sei pienamente soddisfatto con PNL PRO ti rimborserò l'intero importo speso senza domande. Se Il prodotto non ti aiuta a crescere professionalmente e a scrivere pagine di vendita persuasive ed efficaci, contattami entro 60 giorni per ottenere un rimborso completo del tuo investimento.*

- *Se passi il termine dei 60 giorni, e ti rendi conto che il prodotto non è per te o non lo reputi all'altezza, hai altri 90 giorni per ottenere un rimborso.*

- *Se deciderai di ricevere un rimborso, puoi tenere tutti i bonus contenuti in questa offerta, senza nessun obbligo."*

Adesso che sei a conoscenza di queste formule, puoi utilizzarle per creare una garanzia imbattibile per i tuoi prodotti o servizi, ma giusto per essere sicuri, ecco altri 6 suggerimenti per scrivere delle ottime garanzie:

- Enfatizza il principale beneficio derivante dall'uso del tuo prodotto nella tua garanzia.

- Rendi la garanzia meno tecnica e complessa possibile

- Fai in modo che la garanzia comporti zero rischi per il cliente, una garanzia forte = acquirente fiducioso = più vendite

- Utilizza grafiche professionali

- Garanzie troppo liberali come ho detto prima possono danneggiarti, trova il tuo equilibrio testando.

- Aggiungere una tua foto alla fine della garanzia, con sotto la tua firma, dà un tocco in più non indifferente.

Detto questo, non ti rimane che provare, ti garantisco che seguendo questi consigli, potrai creare della garanzia spettacolari, ora passiamo alla scarsità.

PARAGRAFO 34
Scarsità

Questa tecnica è fondamentale per chiudere in fretta una vendita, come disse Jim Rohn:

> *"Senza un senso di urgenza, il desiderio perde il suo valore"*.

Questo significa che quando le persone non acquistano in quel preciso momento c'è meno probabilità che acquistino in futuro, nell'epoca digitale tutto è più veloce e frenetico, e difficilmente un lettore tornerà sul tuo sito web per acquistare, a meno che non stia facendo una scelta tra due prodotti.

Per scarsità, intendiamo mettere a disposizione un qualcosa per un tempo limitato, come un bonus, uno sconto oppure il prodotto stesso.

Questa tecnica è utilizzata dappertutto ed è il mezzo più importante per aggiungere fretta ed eccitazione al tuo potenziale cliente, sapere che l'offerta è sempre lì, disponibile, può spingerlo a procrastinare l'acquisto, ma se gli si mettono di fronte delle scadenze e se l'offerta gli interessa davvero, farà di tutto per averla.

Perché? Semplice, questa tecnica dà al lettore una solida ragione psicologica per giustificare il suo acquisto.

Ma andiamo più nel dettaglio e vediamo come possiamo creare scarsità:

1. **Limitando La Quantità** - Questa probabilmente è la forma di scarsità più usata, cioè si rende disponibile solo un limitato numero di copie per la vendita. È molto importante applicare sempre questa tecnica, specialmente per i prodotti digitali, ma devi giustificare il motivo per cui hai deciso di vendere un numero limitato di copie, altrimenti non ha lo stesso effetto.

   Per i prodotti digitali, dove spesso, anzi quasi sempre vendiamo informazioni, possiamo dire che l'informazione è preziosa ed è disponibile solo per un numero limitato di persone per mantenerne l'efficacia e l'esclusività.

Per i prodotti da magazzino, non è consigliabile mostrare più di 10 - 20 unità disponibili, e per aumentare l'urgenza, si può mostrare quante persone sono su quella pagina, in modo da creare scarsità per un giustificato motivo.

Per i servizi invece, bisogna limitare l'accesso al cliente, per esempio, solo 10 clienti a sessione, e quando tutti i posti sono pieni, inserire un form email per essere ricontattati appena si libera qualche posto.

Se qualcosa è difficile da ottenere, viene considerata una rarità, e di conseguenza è più voluta.

2. **Limitando Il Tempo -** Un altro modo per creare scarsità, è creare una scadenza, dove alla fine di quest'ultima il cliente perde qualcosa (bonus, prezzo

vantaggioso etc..) o non può più acquistare il tuo prodotto.

Per esempio puoi distribuire una strategia segreta come bonus che non vuoi si divulghi troppo, quindi puoi venderne solo 30 copie, oppure uno sconto per i primi 40 acquirenti.

La cosa importante è che qualsiasi cosa tu faccia, deve essere veritiera, non puoi mettere magari un countdown dove se in 20 minuti non acquisti il prodotto lo paghi di più, e poi se ricarichi la pagina si azzera, perderesti tutta la tua credibilità in un secondo, e non ne vale la pena, quindi assicurati di far corrispondere sempre le parole ai fatti.

3. **Oscurare La Pagina -** Quando il limite di ordini è stato raggiunto, puoi oscurare la pagina ed iniziare a vendere tramite email.

Di solito se qualcuno vuole davvero il tuo prodotto e trova che quest'ultimo non è più disponibile, cercherà di contattarti via email o si iscriverà sulla tua waiting list, dove potrà essere avvisato quando ci saranno nuove copie disponibili (causa qualche rimborso etc).

In questi casi quello che devi fare è impostare un autoresponder che manderà una mail automatica 2 o 3 giorni dopo l'iscrizione del cliente alla waiting list, informandolo che c'è un solo posto disponibile, causa rimborso.

Questa è un'ottima tecnica per accrescere la tua credibilità e nello stesso tempo continuare a vendere.

È fondamentale giustificare il perché della scarsità, vedo troppe squeeze page o pagine di vendita con scritto:

> *"Fai in fretta, il video in questione domani potrebbe non essere online!"*

Nella mia mente mi chiedo "per quale machiavellico motivo?" Perché il video non dovrebbe essere online?

Come ho detto in precedenza, giustifica sempre tutto quello che scrivi e cerca di pensare come il lettore, una buona scarsità potrebbe essere:

> *"Acquista ora! sono rimaste solo ~~100~~ 22 copie a €67,95, dopo di che il prezzo salirà!"*
>
> *"Cosa aspetti il webinar ha una capienza di 100 persone e sono rimasti solo 12 posti affrettati!*
>
> *"Inserisci username e password per ricevere questo swipe file direttamente nella tua posta elettronica, affrettati perché la distribuzione è limitata a ~~60~~ 11 copie!"*

Ricorda la trasparenza è la chiave di tutto, inserire scarsità false non farà altro che minare la tua credibilità, e ricorda che hai un solo nome, quindi fai in modo che sia sempre pulito e goda di ottima reptazione, è fondamentale in questo tipo di attività.

PARAGRAFO 35
Prezzo

Sul prezzo abbiamo molto da dire, è fondamentale impostare il giusto prezzo per il nostro prodotto, online in genere, vige la legge:

"Chi Imposta Il Prezzo Minore Fa Più Vendite"

Non c'è niente di più sbagliato, se entri in un supermercato e ti trovi a scegliere tra due pacchi di pasta, uno più economico e l'altro un po' più costoso, cosa scegli?

Chiaramente la tua mente suggerirà di prendere quello più costoso perché visto che costa di più si presume sia migliore, dipende molto anche dal tipo di mercato a cui ti rivolgi.

Devi scegliere come vuoi che i tuoi clienti ti percepiscano, se vuoi essere considerato un venditore o un copywriter economico, automaticamente classificheranno i tuoi servizi come economici ma non molto di qualità.

Personalmente mi sono trovato 6 mesi fa, a scrivere una pagina di vendita per un avvocato che voleva offrire le sue consulenze online, così mi ha chiesto quale prezzo fosse più appropriato, ho scelto 3 prezzi e li ho testati nel tempo, erano:

- **47,99**
- **67,97**
- **97.77**

Come vedi tutti i prezzi sono composti dal numero 7, questo semplicemente perché le persone sembrano gradire il numero sette nei prezzi, quindi qualsiasi sia il tuo prezzo, cerca sempre di includerci un 7.

Tornando a noi, come primo prezzo, provammo il 47,99 andava benino, ma non come ci aspettavamo, quindi tempo 2 mesi, ed impostammo il secondo prezzo.

Inaspettatamente, ci fu un aumento degli ordini per consulenza del 35% ero molto soddisfatto, i clienti percepivano che con un prezzo più alto, la prestazione sarebbe stata migliore, e nessuno se ha un problema, cerca di risparmiare su un buon avvocato, stessa cosa per l'istruzione etc....

Però volevo provare anche il prezzo da 97.77, così dopo 3 mesi nei quali le cose andavamo davvero alla grande, impostammo un nuovo prezzo, ma non andò bene come il precedente, però avemmo risultati molto superiori di quando impostammo il prezzo più economico.

Possiamo concludere quindi che le persone associano un prezzo maggiore ad un prodotto di qualità, basta guardarci intorno per capirlo, la BMW è una macchina migliore della Toyota, Rolex è un orologio migliore di Sector, è così che funziona, questo meccanismo ci rimane impresso e lo associamo a tutto.

Ma non per tutti i prodotti può essere applicato questo principio, se siamo in un'edicola e acquistiamo una carta per stampanti, non facciamo caso alla marca migliore, o stessa cosa per la carta igienica, non sono cose alle quali diamo fondamentale importanza alla qualità.

Risparmieresti mai per rifarti il naso? O per assumere un avvocato per difenderti?

Se vuoi imparare a fare il copywriter, e ti trovi a scegliere tra 2 corsi, ognuno con un prezzo differente, devi mettere in conto che scegliere quello più economico potrebbe significare:

- Informazioni inutili e non applicabili
- Nessun supporto adeguato post vendita
- Poca professionalità da parte dell'autore
- Ti troveresti a scrivere una copy per un cliente ottenendo poi un feedback negativo.

Il cliente deve ponderare bene la sua scelta, perché sono a rischio tre cose, i suoi soldi, il tempo e la sua educazione, e sull'educazione le persone difficilmente risparmiano se hanno scelta, se riesci a mostrare la tua superiorità tramite l'USP e un'offerta imperdibile, impostare un prezzo più alto non farà altro che farti godere di maggior prestigio.

Nella scelta del prezzo del tuo prodotto anche i centesimi devono essere scelti con molta attenzione, secondo te quale prezzo otterrà le conversioni maggiori?

- €9,99

- €10

Indubbiamente il prezzo che otterrà vendite maggiori sarà €9,99, tranne per quanto riguarda i prodotti di lusso.

E se ti stai chiedendo il perché, non è certamente per il centesimo risparmiato! Il nostro cervello ci fa percepire €9,99 molto più economico di €10, anche se molti conoscono questo trucco.

Prima ho detto che se tentiamo di vendere un prodotto di un brand di lusso non otterremo certo delle conversioni vantaggiose, proprio perché non pensiamo che un brand come Gucci o Armani, possa utilizzare i centesimi, cioè è ARMANI, non può utilizzare centesimi nei prezzi, mentre per i brand meno conosciuti, ci risulta normale.

Anche in un'altra circostanza non dobbiamo utilizzare i centesimi, ed è per i prodotti che superano i €100.

Quando vediamo un prezzo alto e notiamo i centesimi, la prima cosa che pensiamo è *"Non bastavano i 200 euro? Anche i centesimi gli devo dare!"* il compratore può sentirsi preso in giro, quindi è meglio che i centesimi li lasciamo per i prezzi inferiori a 100 euro.

Noterai anche che non utilizzo mai .00 se non metto i centesimi, perché? Semplicemente perché risulta più caro, controlla tu stesso.

Prendiamo come esempio l'illusione di Muller-lyer, qual è la linea più lunga tra A e B

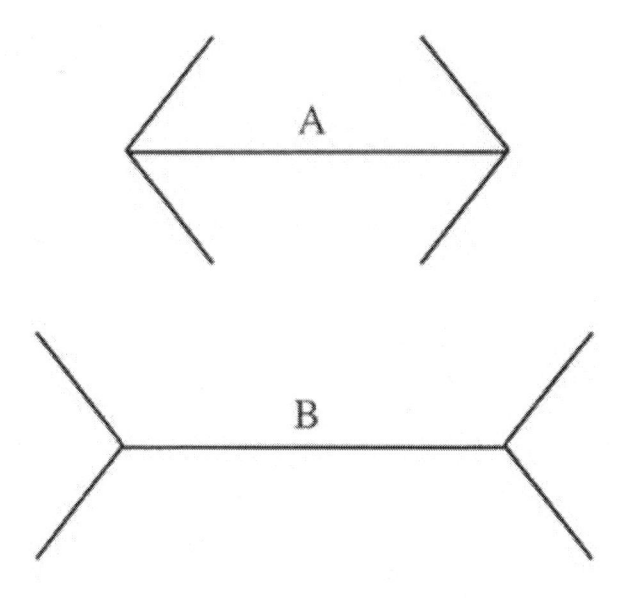

La risposta esatta come puoi vedere è nessuna, sono entrambe perfettamente uguali, €35, risulta all'occhio, più economico di €35.00, quindi non aggiungere MAI gli zeri al tuo prezzo, danneggeresti le tue conversioni.

PARAGRAFO 36
Call To Action

Eccoci arrivati ad una delle sezioni più importanti di una pagina di vendita, puoi aver fatto la migliore headline del mondo, scritto dei bullets altamente persuasivi, ma senza una chiara chiamata all'azione tutto risulterà inutile.

Non dare per scontato che le persone sappiano già a priori cosa devono fare o che azione devono compiere, che sia una semplice iscrizione gratuita o un acquisto, devi dire chiaramente cosa vuoi che loro facciano.

Ma non nel senso *"Allora vuoi acquistare il mio prodotto o no?"* anche qui ci sono delle linee guida da seguire.

Quando vai ad acquistare una macchina o qualsiasi altra cosa, il venditore quando finisce la presentazione ti chiede se hai intenzione di comprarla? No, in genere chiede se può iniziare a preparare le carte per l'acquisto, questo risulta meno intimidatorio rispetto ad una immediata richiesta di acquisto.

Lo stesso principio vige nell'Internet Marketing, chiedi al cliente di fare quello che vuoi, ma in modo subdolo, nel senso buono della parola, a seguire, illustrerò vari esempi pratici direttamente dal mio swipe file.

Detto questo, ci sono marketer che mettono bottoni di acquisto per tutta la pagina, questo a mio avviso non solo è poco rispettoso verso il lettore, ma può avere un forte impatto negativo sulle vendite, è come se in un negozio l'impiegato ti venisse ogni cinque minuti vicino chiedendo di acquistare.

Ho fatto personalmente dei test, e in una pagina di vendita ci vogliono solo due call to action, uno per l'acquisto vero e proprio, e uno per l'opt-in, mi spiego meglio.

Il cliente legge tutta la pagina di vendita arriva alla call to action e per qualche motivo decide di non acquistare, quando clicca per uscire dalla pagina, deve essere re-direzionato su una pagina con un secondo call to action, ma che in questo caso chiede di scaricare qualcosa gratuitamente, se vendiamo un corso, possiamo far scaricare le prime 10 pagine di esso, o se è un software, un free trial, il tutto per costruire fiducia.

Quando strutturiamo il nostro call to action, è importante ricordare al cliente tutti i benefici e tutto quello che riceverà ordinando, ecco qualche esempio:

> Entrare In Empatia Con Il Lettore Ricordandogli Il Perchè Si Trova Su Questa Pagina

> Utilizza I Bullet Per Ricordare Quali Saranno I Benefici Derivanti Dal Suo Acquisto:
>
> 1.
> 2.
> 3.
> 4.
>
> Cerca Di Non Utilizzare Quelli Già Presenti Nella Copy.

> Il Bottone Per L'Acquisto Deve Essere Piazzato Qui, Puoi Utilizzare Quelli Contenuti Nel Pack Bonus Oppure Crearlo Da Te.
>
> Il Bottone Deve Includere Le Principali Carte Di Credito E Il Gateway Di Pagamento Che Intendi Utilizzare.

> Spiega Esattamente Al Cliente Cosa Succederà Una Volta Premuto Il Tasto Per Acquistare

> In Caso Di Prodotto Digitale, Informa Il Cliente Che Riceverà Il Prodotto Subito Dopo L'Acquisto.
>
> Cogli L'Occasione Per Ricordargli Ancora Una Volta La Tua Garanzia

Questa è la struttura che mi ha dato il maggior numero di conversioni, basta seguire alla lettera questo schema per creare un call to action davvero efficace, non dimenticare di testare tutti i vari elementi, per giungere alla perfezione.

Se sei in difficoltà e non sai quale call to action utilizzare, ecco una lista di 10 frasi efficaci:

- Ordina Adesso
- Clicca Qui Per Ordinare
- Scarica Adesso [TUO PRODOTTO]
- Investi Ora In [TUO PRODOTTO]
- Riserva La Tua Copia
- Iscriviti Ora Per [AZIONE]
- Acquista Ora
- Richiedi La Tua Copia
- Procedi Con L' Acquisto

- Acquista Per Meno Di Un Caffè Al Giorno

PARAGRAFO 37
PS: PPS: PPPS:

Ho condotto personalmente dei testi, e nella maggior parte dei casi i PS sono la seconda cosa che i lettori leggono dopo la headline, proprio perché la maggior parte di loro scansionano la pagina, ossia vanno su e giù, e andando giù, leggono i PS.

Quindi, come dovrebbero essere strutturati i PS? E come fare per renderli appetibili al lettore? La risposta è molto semplice.

I Ps necessari per una buona persuasione sono tre, e i loro ruoli sono i seguenti:

- Garanzia
- Benefit
- Scarsità

Come secondo PS è fondamentale piazzare il benefit, perché studi hanno dimostrato che il lettore presta più attenzione al secondo PS, quindi li andremmo ad includere la nostra frase più importante.

Un esempio pratico di come deve essere scritto un PS di seguito:

> *"Ps: Ricorda per soli €XX riceverai il corso completo di copywriting avanzato più tre bonus introvabili, inoltre sei protetto dalla mia garanzia tripla protezione, clicca qui per investire nella tua formazione ora.*
>
> *PPS: Questa è la tua unica possibilità per diventare un copywriter esperto, nessun altro corso è così completo, trapianterai letteralmente nel tuo cervello le menti dei migliori copywriter in circolazione.*
>
> *PPPS: Non dimenticare che il prezzo è provvisorio e riservato solo ai primi 50 che acquistano il corso, se vuoi*

acquistarlo al prezzo più vantaggioso possibile ti consiglio di farlo ora."

Ricorda che prima dei PS devi includere una tua foto con sotto la firma, ed eventualmente le tue competenze, se non sai come utilizzare o creare una firma online, questo servizio farà al caso tuo *www.mylivesignature.com*

PARAGRAFO 38
Formattazione Di Una Pagina Di Vendita

La formattazione è la ciliegina sulla torta quando si tratta di scrivere una pagina di vendita vincente, e non serviresti mai una torta senza il tocco finale, giusto?

La stessa regola si applica al copywriting, la formattazione e l'abbellimento non deve essere visto come un extra, ma come un elemento essenziale che punta a rendere più persuasiva la tua sales page.

Non solo formattare la pagina di vendita aggiunge punti alla tua copy, ma ha effetto anche sulla tua credibilità, faresti più volentieri affari con un uomo ben vestito e curato, oppure con uno trasandato? Certamente con quello ordinato.

L'apparenza della tua pagina di vendita dice molto su che genere di persona sei negli affari, una pagina molto curata ti farà apparire come autorità nel settore, facendo crescere la fiducia che le persone hanno in te.

Una pagina di vendita non deve per forza essere lunga, alcune corte se la cavano piuttosto bene, la cosa più importante è che deve essere facile da leggere.

Puoi ottenere questo facendo una buona formattazione del testo o enfatizzato quelle che sono le parti più importanti con magari il grassetto, sottolineato o colori differenti, fino ad arrivare come per le headline, a diverse grandezze di font, ricorda una cosa però se ti ritrovi ad enfatizzare tutto, è come se non enfatizzassi proprio niente, bisogna stare estremamente accorti a non esagerare.

Ecco come puoi trarre il massimo vantaggio da queste tecniche di formattazione, e aggiungere effetti per fare una migliore impressione:

Evidenziatore – Usa questo per focalizzare l'attenzione su punti importanti, o parole che in un contesto ritieni che debbano risaltare più all'occhio, come un beneficio particolare, non esagerare mai con questo strumento, altrimenti rischi di ottenere l'effetto contrario.

Barrature – Questa tecnica deve essere utilizzata solo in contesti particolari, l'unico situazione nel quale può risultare utile è barrare il prezzo normale, quando si ha in atto qualche offerta, o quando si aggiorna qualcosa in positivo, es: *"Se ordini adesso riceverai ben* ~~3~~ *6 bonus!"*

Colori – Anche questi vengono utilizzati per catturare l'attenzione e per rendere la lettura più gradevole, in genere se si vogliono utilizzare i colori per abbellire un po' la pagina di vendita, possiamo far capo ai colori della nostra pagina e regolarci di conseguenza, Assicurati soltanto di non utilizzare più di due colori per frase, risulterebbe troppo "sfarzoso", usali con molta parsimonia.

Fonts – Questi si cambiano per suscitare interesse e generare un flusso per rendere la lettura della pagina di vendita più piacevole, personalmente quando non disegno una headline grafica, preferisco il font Tahoma 24pt o 27pt per le headlines, mentre Verdana 11pt – 14pt per la scrittura normale e per le testimonianze Times New Roman o Arial, sempre 11pt – 14pt, ricordati di non utilizzare più di due font diversi in una sezione, io in genere ne raccomando uno, ma quando sarai più esperto, potrai provare con due, e vedere come va

Grassetto, Corsivo, Sottolineato – Questi sono i veri protagonisti quando si tratta di attirare l'attenzione su frasi o parole (senza esagerare) e formattare per bene una pagina di vendita. Sono ottimi per i bullets, e anche per rendere la tua headline più attrattiva, quindi è utile imparare ad usarli alla perfezione.

MAIUSCOLO – Possiamo usare il maiuscolo per far risaltare ancora più certe parole, assieme al grassetto e il sottolineato, per esempio *"Scarica questo Swipe file GRATUITAMENTE Adesso!"*

Johnson Box – Queste sono dei contorni grafici per far risaltare sezioni importanti, come la garanzia soddisfatti o rimborsati, bullet o testimonianze, in una pagina di vendita non possono davvero mancare.

Grafiche – Queste sono una delle parti più importanti della tua pagina di vendita, una buona grafica, ti renderà più credibile, e renderà la tua offerta più appetibile.

Un'altra cosa da tenere in considerazione durante la scrittura di una copy, è la punteggiatura.

È quasi vitale utilizzare una punteggiatura corretta, così da non far confondere il cliente e rendere la sua lettura calma e senza stress.

Le normali nozioni grammaticali del perché si deve mettere una virgola o un punto esclamativo, non valgono quando dobbiamo scrivere una sales page, ci servono per intrigare, far saltare all'occhio ed impressionare il lettore, coinvolgerlo in qualche modo.

Punti (.) – Quello a cui punti quando un utente entra nel tuo sito, è che legga attentamente la tua pagina di vendita senza fermarsi, il punto indica una pausa lunga, quindi non è esattamente quello che vogliamo, ma non possiamo neanche scrivere una pagina di vendita senza nessuno punto, l'ideale è trovare un equilibrio, non troppi e non troppo pochi.

Secondo la mia esperienza, è utile mettere i punti solo quando si sta raccontando una storia al cliente (storytelling) ma non in altre sezioni, meglio limitarne il più possibile l'uso.

Virgole (,) – Cerca di limitare l'uso delle virgole dove è strettamente necessario, esse indicano una pausa, anche se breve, ma pur sempre una pausa rimane. È importante non aggiungere una virgola dopo la e, questo significherebbe una doppia pausa.

Punti Sospensivi (...) – Questi sono davvero ottimi da utilizzare dappertutto, ti è mai capitato di ricevere una email da qualche marketer? Se si, sicuramente avrai notato che sono piene di puntini sospensivi, la ragione, è che permettono all'utente di prendere fiato, ma contemporaneamente senza creare nessuna pausa apparente, quindi se sei bloccato e non sai se inserire una virgola o un punto, considera l'idea di inserire qualche puntino sospensivo.

Trattino (-) – Anche questi sono ottimi per creare una pausa, se la tua pagina di vendita è piena di punti, virgole e puntini sospensivi, allora dovresti utilizzare anche qualche trattino, per rendere meno noiosa la lettura della pagina di vendita.

Spazi ( ) – Tecnicamente questa non è punteggiatura, ma può essere utilizzata per la stessa funzione, quando vuoi impostare un po' di break tra due parti della copy, considera di utilizzare un po' di spazio, al contrario della punteggiatura non interrompe il flusso e regala al lettore un po' di fiato.

Due punti (:) – Questo tipo ti punteggiatura sta ad indicare al lettore che la parte che segue è importante, può susseguirsi quindi una lista di bullet o la descrizione di qualche beneficio derivante dall'acquisto del prodotto.

Punto E Virgola (;) – Questi non vengono utilizzati in una pagina di vendita, quindi puoi anche dimenticarti che esistono durante il tuo lavoro, lasciamoli ai libri e alle insegnanti di grammatica.

Virgolette ("") – Queste vengono utilizzate per enfatizzare un testimonial, possono anche essere utilizzate sulla tua headline principale, per far risaltare una parola, oppure tutta la frase, il suo utilizzo non può mancare in una pagina di vendita che si rispetti.

Punto Esclamativo (!) – Quando stai scrivendo qualcosa per rendere il lettore eccitato ed emozionato, quello è il posto giusto per utilizzare un punto esclamativo, in questo modo rafforzi la tua espressione e ne raddoppi l'efficacia, attento però a non esagerare, una pagina di vendita piena di punti esclamativi, potrebbe risultare ridicola e inefficace.

Punto Di Domanda (?) – Questo punto è il più importante di tutti quelli citati sopra, perché permette al lettore di interagire con la tua pagina di vendita. Quando fai una domanda, il potenziale cliente risponderà nella sua testa, quello che devi cercare di fare è prevedere la sua risposta in modo da farlo sentire compreso.

Pochi si rendono conto dell'importanza della punteggiatura durante la scrittura di una pagina di vendita, personalmente, la considero la mia arma segreta, per relazionarmi al meglio con chi mi legge, perché in sostanza, lo scopo della punteggiatura è facilitare la comunicazione ed è proprio quello che a noi interessa.

La cosa importante, per l'evidenziato per esempio usalo se proprio strettamente necessario, come per i colori, alcuni mercati sono più ricettivi di altri.

PARAGRAFO 39
Conclusione

Sei giusto alla fine di questo libro, spero che ti sia piaciuto e che puoi ritenerti ora una persona che ha messo nel proprio bagaglio culturale uno dei miglior metodi per persuadere le persone, offline e online

Il mio consiglio è quello di non limitarsi a finire di leggere il libro e conservarlo in qualche cartella sperduta sul pc o nella libreria, ma tenerlo a portata di mano e consultarlo ogni volta che scriverai una pagina di vendita.

In più cerca di sviluppare un interesse per ogni tipo di pubblicità e se c'è un messaggio promozionale che attrae la tua attenzione, crea uno swipe file e mettici tutto il materiale, frasi e altro che trovi.

Questo ti renderà il lavoro più facile quando ti si presentano quei momenti dove non sai cosa scrivere, per risolvere basta aprire il tuo swipe file e cercare di riadattare qualche frase per utilizzarla con il tuo mercato.

Buona scrittura!

W. Brian P. Losito

Ps: Se questo libro ti è piaciuto e senti di aver imparato qualcosa, <u>potresti lasciare una review su Amazon</u>? Facendolo mi aiuteresti a salire di classifica e mostrare questo libro ha chi ne ha bisogno.

SULL'AUTORE

Avido divoratore di tutto ciò che è marketing ha iniziato appena 18enne a vendere i suoi primi prodotti digitali, da lì in poi non ha mai smesso di studiare, specializzandosi in sistemi di acquisizione clienti per prodotti e servizi.

Oggi Brian è il maggior esperto di Copywriting incentrato all'azione in Italia.

Printed in Great Britain
by Amazon